붉은 혀

국립중앙도서관 출판예정도서목록(CIP)

붉은 혀 : 김환식 시집 / 지은이: 김환식. -- 대전 : 지혜, 2017
p. ; cm. -- (J.H classic ; 015)

ISBN 979-11-5728-258-6 03810 : ₩10000

한국 현대시[韓國現代詩]

811.7-KDC6
895.715-DDC23 CIP2017032084

J.H CLASSIC 015

붉은 혀

김환식

지혜

시인의 말

『버팀목』을 출간한지 이태가 지났다.

약속은 지켜지지 않으면 의미 없다.

나를 기만하고 업신여긴 나와의 약속을 지키려 한다.

하지만, 나는 안다.

나처럼 모나고 편협한 사람은 자신을 설득할 예지력도 없다는 것을.

누구를 쉽게 용서하고, 품어주지도 못하는 나는,

나를 용서하는 일에도 인색하고, 나와 타협하는 일에도 옹졸한 인간이다.

나와의 갈등으로 상처가 덧나고, 심상이 허접해 질 때면,

현실로 부터 일탈하기 위하여, 글을 쓰는 못된 버릇까지 가지고 있다.

이태 동안 품고 있었던 괴재재한 원고들을, 흉측한 벌레 한 마리를 털어내듯

내려놓고 나니, 채약산의 가을도 이 만큼 깊어져 있다.

사무실 책상 앞에 앉아 바라보면, 그때 마다 저도 나를 뚫어지게 바라본다.

하염없이 애잔하고 간절한 눈빛이다.

잔설이 녹고, 봄빛이 움틀 때도 그랬을 게다.

꽃샘바람에 흔들리고 봄비에 오한을 느끼느라, 순탄한 날 보다는

사연 깊은 날이 더 많았을 것이다.

우리 모두의 삶도 비바람에 젖고 흔들리지 않은 날은 없었을 것이다.

걸핏하면 사유의 초점을 교정해 보지만,

먼 산은 자꾸 끄무레해 지고 있다.

윤슬 같던 사유의 또렷함도, 반듯하던 행로의 안목도

시나브로 수분을 증발시켜버린 채, 옹색한 미이라처럼 쪼그라들고 있다.

눈만 뜨면 쳇바퀴를 돌리듯 헛궁리를 했다.

참, 바보스럽게 살아온 세월이 예순의 간이역을 지나쳐 갔다.

앵무새가 속삭인다.

바보야, 뭘 봐!

2017년 가을

金 煥 植 올림

차례

2부

3부

4부

• 일러두기
한 연이 첫 번째 행에서 시작될 때는 > 로 표시합니다.

1부

궁리

눈만 뜨면
다람쥐는 쳇바퀴를 돌렸다
쳇바퀴 속에 갇힌 날 부터
아름다운 궁리도 감금당한 것이다
한 번 쯤은
자살을 꿈꾸었을 것이지만
몸이 지쳐 쓰러질 때까지
날마다 쳇바퀴를 돌리고 있다
누가 시킨 것이 아니다
몸은 갇혔지만
생각은 갇힐 수 없었기 때문일 것이다
창가에 앉아
눈이 아프도록
다람쥐의 몸부림을 지켜보았다
훌륭했다
다람쥐보다 내 생각이 비루한 것이다
발걸음은 산천을 순례하였겠지만
생각은 쳇바퀴 속에 갇혀서 절망하고 있다
그렇다
다람쥐만 쳇바퀴를 돌리는 것이 아니다

눈만 뜨면
일탈을 궁리하는, 나도
날마다 쳇바퀴를 돌리고 있는 것이다

그의 하루는 지난했다

퇴근 준비를 하는데
또 전화가 왔다
바로 갈 거야?
그래!
나는 늘 그랬다
그게 습관이다
그런데, 그는
퇴근 시간만 되면
날마다 좌불안석이다
세상에서
가장 편한 집으로
돌아가는 일상을
그는 늘 두렵고 초초해 하는 것이다
안타깝다
빌딩의 그림자가
그를 밟고 설 때마다
그의 하루는 더 적막하고
지난해 졌다

바보야, 뭘 봐

지하철을 탔는데
옆 사람이 든 새장 속의 앵무새가
나를 쳐다보며 속삭였다
바보야, 뭘 봐
철렁 가슴이 무너졌다
내가 바보라는 것을 어떻게 알았을까
똑똑한 놈이다
세상에는 비밀이 없는 것이다
내가 바보란 사실은 나 밖에 모르는데
너무 부끄러워서
도망치듯 지하철을 빠져나왔다
바보야, 뭘 봐
그놈의 속삭임이 나를 따라왔다
그래, 나는 바보다
바보처럼 나는 도망치는 것이다
어깨를 스친 사람이 힐끗 쳐다봤다
앵무새의 눈빛이다
섬뜩했다
어떻게 집까지 달려왔는지 모른다
베란다 창가에 서서

먼 산의 능선을 바라보았다
검푸른 몸빛의 커다란 앵무새가
나를 바라보며 속삭이고 있었다
바보야, 뭘 봐

정말, 아주 짧은 순간

산사의 해우소에 앉아
기막힌 사연들과 해후를 했다
마누라 구함에서부터
오장육부를 판다는 절규들이
이승의 미로를 헤매고 있었다
거기 앉아있는 순간만은
우리 모두는, 세상에서
가장 행복한 부처가 될 수 있을 것인데
목이 말랐다
곤궁한 햇살 한 모금을 받아먹고
갈증을 풀었다
구린내가 났다
천정을 올려다보니
금이 간 기왓장을 파고 든
빛 한 줄기가 눈을 찔렀다
피할 수가 없었다
정말, 아주 짧은 순간
온전히 시력을 상실하고 말았다
못 볼 것들을
너무 많이 보고 살았기 때문이다

세상이 온통 캄캄해 졌다

붉은 혀

입 속에는
장도 하나를 품고 살았는데
그 칼끝이
나를 겨눈다는 것을 모르고 살았다
정갈하지 못한 입들이
허공을 긁고 팠다
선혈이 서산을 붉혔다
입술 안에 갇힌
붉은 혀 하나가
난데없이 불씨를 흘리고 다녔다
꺼졌던 혀의 불씨도
산천을 다 태울 수 있다는 것을
까맣게 잊고 살았던 것이다
화염이 지나간 행로가 허망스럽다
하늘도 다 태우고
산천도 다 태우고
내 몸까지 다 태운 후엔 자지러지는 것이다

먼 산은 자꾸 끄무레했다

흐릿하다
궂은 날씨도 아닌데
또 안경을 닦아야 했다
황사 때문만은 아니다
사유의 초점을 교정했는데
먼 산이 자꾸 끄무레했다
손수건으로 눈시울을 닦았다
앞을 못 보는 것도 아니다
안경을 끼고도 답답하기는
마찬가지다
어렴풋이나마 짐작이 된다
입김을 불어 안경을 닦듯
사유의 거울을 또 닦았다
하지만
먼 산은 자꾸 끄무레했다

지리산

통천길을 걷던
구상나무들은 등신불이 되었다
더러는 비스듬히 누워
사람 사는 세상을 내려다보고
더러는 장중한 자세로
하늘로 가는 계단을 바라보고 있다
비좁다
사바로 가는 길은 점점 좁아지고 있다
화려한 의복의 처사들이
날마다 보시를 다투고 있음을
천왕봉은 이미 알고 있을 것이다
정상이 가까워질수록
바람의 숨소리는 호흡이 짧다
잠시 후
소나기가 또 실례를 하고 나면
산천은 눈물에 젖을 것이다

비구름도 엷은 수의를 입고
산허리에 앉아 시름에 젖었다

변심이 수상스럽다

빗살무늬

박물관
유리 감옥 속에는
유택에서 끌려나온, 빗살무늬
토기들이 구류를 살고 있다
가슴에는
손톱에 긁힌 상처들을 어슷하게 품고
지난 생의 이력들을 편집하고 있다
사유의 중심을 잃고 추락하는
소나기의 빗금질 같은
혹은, 창틈을 비집고 들어온
비스듬한 햇살 같은 추억들을
빗살무늬토기들은 반추하고 있는 것이다
어느 족장과 함께 순장이 되어
천년은 유복하게 살았을 것인데
한 순간
유택 밖의 풍광을 흠모한 죄로
꼼짝없이 유리 감옥에 갇혀있는 것이다
모르고 살았으면 좋았을 세상이다
단 며칠만이라도
캄캄한 독방으로 돌아가 뉘우치고 싶은 것이다

>

빗살무늬토기들이
날마다
답답한 가슴을 손톱으로 후벼 파고 있었다

기적

가끔은
기적 같은 일들이 있다

고층의 옥상에서
맨몸으로
자유낙하를 연습하던 용감한 청년이
나뭇가지에 걸려
목숨을 구했다는 것이다

기적은, 거짓말보다
더 거짓말 같은 기적을 만들 때가 있다

나를 사지로 내몰았던
야무진 허상도
한 발만 내딛으면
자유낙하를 하고 마는 절벽위에 서서
많은 날을 연민하고 고민했을 것이다

뒤숭숭한 잡념이 입맛을 빼앗아간
주말 저녁

곱게 익은 단풍잎들이
칠흑 같은 허공 속으로
무작정 한 몸을 내던지고 있었다

먼 산

먼 산을 바라보았다
오늘도
어제처럼 단정한 모습으로
먼 산은 그 자리에 앉아있었다

처음 만났던 그 자리에서
한 번도 떠난 적이 없는 것이다
범어공원
나무벤치에 앉아
한참이나 먼 산과 눈싸움을 했다

허공도 이전투구를 하는 것이다
먼 산의 이마가 붉게 물들었다
피를 흘린 상처는, 쉽게
치유되지 않을 것이다

먼 산의 상처들이
장엄하게 울었다

밑씻개

아름다운 꽃일수록
꽃받침 뒤에는
빼곡히 잔가시를 숨기고 있다
흰색과 분홍색이 어우러진
꽃이다
이들도 어쩌면 운명처럼 만나서
시어머니밑씻개가 되고
며느리밑씻개가 될 것이다
또, 더러는
시누이밑씻개가 되고
동서밑씻개가 되기도 할 것이다
삼복의 느티나무
그늘 밑에는
마주보고 앉은 밑씻개들이
서럽게 배꼽을 잡고 까무러치고 있다

* 시어머니밑씻개, 며느리밑씻개, 시누이밑씻개, 동서밑씻개=마디풀과에 속한.

말길들이기

말을 앞세우지 않으려고
입속에 자갈을 채워놓았지만
입술을 탈출한 설익은 말들은
고삐 풀린 말처럼 들판을 질주하는 것이다
말 한 마디가 말 한 마리를 낳고
또 다른 말 한 마리가
또 다른 말 한 마디와 연애를 하고
사돈이 되고
이윽고 같은 종족이 된 말들은
천지를 날뛰고 있는 것이다
내가 키웠던 말도 몇 마디 있고
그가 쫓아낸 말도 몇 마리 있었다
가출한 말 몇 마디가 어깨동무를 하고
종일 길거리를 헤매고 다녔다
자신을 주체할 수 없을 때
우리는 스스로 절망하는 것이다
야합도 하고 난교도 하면서
조랑말도 낳고 당나귀도 낳고
더러는 애꿎은 난산도 하고
사람답게 산다는 것은
고삐 풀린 말들을 길들이는 것이다

와불 2

미암사*에는
눈을 뜨고 주무시는
부처가 있다

내 몸에 있는 이목구비들을
부처도 다 가진 것이다

내가 부처의 욕심을 닮은 것도 같고
부처가 나의 탐욕을 닮은 것도 같다

그의 곁으로 다가가
세상 밖으로 불쑥 내민
맨발의 문수를 어림해 본다
그의 발가락 하나 보다 작은 내가
어깨를 들먹이며 돌아다닌 것이
가증스러웠다
하늘을 쳐다보니
쓸데없는 것들은 보지 말라며
햇볕이 손가락으로 내 눈을 찔렀다

* 미암사 : 충남 부여의 사찰.

회식하기 좋은 밤

살평상 둘레에 모깃불을 피워놓고
모기들과 진지하게 하룻밤을 보냈다
눈을 뜨니
팔다리와 목덜미는
성한 곳이 없었다
약이 귀하던 시절이다
가려우면 긁고
긁긴 자국은 덧나기 일쑤였다
그런 여름밤을
잊고 산지 까마득하다
너무 쉽게 옛일들을 잊고 산 것이다
창문을 활짝 열어놓고
오늘밤은
모기들에게 회식을 시킬 생각이다
야박하게 살아온 날들이 미안하기만 하다
거실 창가에 서서
방충망에 매달린
모기들의 야윈 종아리를 바라보니
말문이 막혔다

>

달이 참 밝다

회식하기 좋은 밤이다

꽃이 시들면

지분거릴 때는
귀찮았다

지분거리지 않으니
더 섭섭했다

꽃이 시들면
나비도 떠났다

꽃이 진 후엔
벌들도 더 이상 지분거리지 않았다

등잔 밑

눈만 뜨면
부대끼며 사는 우리는
서로를 밝혀주는 등잔일 때도 있지만
사소한 다툼에도
어두운 등잔 밑이 되어
서로를 더 침침하게 만들 때도 있다
처음부터
등잔 밑이 어두워서가 아니라
어둡도록 만들어진 등잔 때문이었을 것이다
험한 산일수록
멀리서 보면
풍광은 더 장관이다
서럽던 시절의 이야기도
추억이 된 후에는
더욱 그윽해지는 것이다

관심밖에 있던 사람이
자꾸 더 그리운 저녁이다

칩거

배출벌레 한 마리가
배추의 손바닥은 다 갉아먹고
뼈다귀만 남은 손금 뒤에
운명처럼 숨어있다
이제는
일용할 양식도 없는 것이다
옥신각신 살아온
인연 하나 때문에
떠나지도 못한 채 칩거하고 있다

내 손이 닿을 수 없는 곳

가렵다
오른쪽 어깨 너머
내 손이 닿을 수 없는 그곳은
설움을 타는 객지인 것도 같고
어느 외진 무인도 같기도 하다
왼팔을 뻗고
오른쪽 어깨를 비틀어도
더는 닿을 수 없는 그곳의 가려움은
반듯한 사람을 감질나게 만들었다
내 손으로
내 몸의 가려운 곳도 치유하지 못하면서
누구에게는 아는 체 멘토 노릇을 하고
여차하면
신경질이나 부리는 내가
가증스럽다

내 영혼도 그 강물에 어룽거렸다

생살 타는 냄새가 등천을 했다

망자들이 흔드는 거뭇거뭇한 손짓이다
바라나시를 품는다는 것은
영겁의 갠지스와 상봉하는 일이다
눈길도 얼어붙고
발걸음도 구부러진 대못에 박혔다
생경한 물빛이다
서로의 얼굴만 쳐다볼 뿐
모든 입들이 봉인을 당했다
갈비뼈만 남은 유기견들도
정강이뼈 하나를 코앞에 두고
죽자사자 이전투구를 하고 있는 것이다
숨을 쉴 때마다
매캐하고 눅눅함이 속을 뒤집었다
훗날 내 몸이 배출할 냄새일 것이다
산자들이 버린 쓰레기와
망자들이 버린 유품들이
갠지스 덕에 먹고 사는 족속들과 함께
멱을 감고 있다

씻을 것도 없고
씻어도 씻겨 지지 않을 표정들이
먹빛의 몸을 씻고 또 씻었다
살아있는 것도 같고
처음부터 죽어 있었을 것도 같은
갠지스를 바라보니
내 영혼도 그 강물에 어룽거렸다

염병

돌풍과 먹구름이
야합을 하고

번개가 깔딱깔딱
숨이 넘어 간 후

먼 산허리를 껴안은
천둥이 돼지 멱을 땄다

내 모습을 거울에 비춰보는 일

사람이 뒷걸음질을
칠 수 있다는 것은
눈앞이 침침해질 때면
몇 걸음 뒤로 물러서서
잠시 하늘을 쳐다보라는 것이다
초행길도 아닌데
어렴풋이 자꾸만 엇갈리는 것은
꿰었던 단추도 모두 풀고
처음부터 다시 한 번 꿰어보라는 뜻이다
내가 나를 보고 싶어도
거울 앞으로 너무 가까이 다가서면
내가 나마저 볼 수가 없다
뒷걸음질을 칠 수 있다는 것은
뒤로 몇 걸음 물러서서
내 모습을 거울에 자주 비춰보라는 것이다

추상화

하반신을 분실한 그가
폐타이어에 몸을 숨기고
한 뼘씩
딱정벌레처럼 진군을 했다
잠시
소나기가 훑고 간 시장 바닥에는
그가 그린 추상화 한 폭이 장엄하게 누웠다
한 손에는 고무장갑을 들고
한 손에는 스타킹을 흔들면서
복권 한 장의 희망으로
일주일을 살아가는 군상들에게
일상의 모범을 보여주는 것이다
시장을 한 바퀴 돌지도 못했는데
땅거미들은 서둘러 좌판을 거두었다
상인들도 쫓기듯 집으로 돌아가고
장명등만 그가 종일 그려놓은
추상화를 비추고 있다

삿대질

호놀룰루 공항
32번 게이트 앞에서
장난감 하나 때문에
아이들이 싸웠다
한 아이는 영어로
한 아이는 한국어로
싸움질을 했다
서로에게 멱살을 잡힌 채
모국어 실력들을 뽐내는 것이다
한 아이가 영어로 쌍욕을 하면
한 아이는 한국어로 동시통역을 했다
사이좋게 장난감을 갖고 놀다가
미국 아이는 미국식으로
한국 아이는 한국식으로 싸운 것뿐인데
권총을 찬 배불뚝이 경비원은
한국 아이에게만 삿대질로 시부렁거렸다

비명

시장 안이 소란스러웠다
갱상도 사투리를 쓰던 월남댁이
월남말로 갑자기 고함을 질렀다
갱상도 말로는 풀 수 없는
현실에 기가 막혔을 것이다
고향을 등진 사람들은
뼛속 깊이 서러움을 숨겨놓고 산다
그 예리하고 탁한 비명은
답답함을 읍소하는 절규였을 것이다
아주 짧은 순간
그녀는 장바닥에 퍼질고 앉아
갱상도 말로 사설을 풀어놓고 있다

지구의 한 쪽이
무척 슬퍼졌다

단순한 저 목소리

까치 한 마리가
새벽부터 사설을 늘어놓고 있다
전해주고 싶은 사연이 있는 듯
손짓 발짓으로 이야기를 하는 것이다
아주 예전 일이다
간절한 사람을 생각하다가
숱한 밤을 조바심으로 지센 적이 있다
심금을 주고받는 것은
까치가 나뭇가지를 옮겨 앉는 것처럼
쉬운 일이 아니다

새벽잠을 설치며
사설을 늘어놓고 있는 것은
무릇 애틋한 사연이 분명 있을 것이다
까치들에겐 아주 쉬운 까치의 말들을
한 마디도 알아듣지 못하는, 나는
까치 보다 바보다
단순한 저 목소리
단순한 저 몸짓
은밀한 암호는 아닐 것이다

안타깝다
그런 내 마음을 몰라주던 그에게
나는 얼마나 답답하고 숨이 막혔든가
까치도 그럴 것이다
같은 말을 수없이 반복하고 있지만
한 마디도 알아듣지 못하는, 내가
한없이 밉고 원망스러울 것이다

2부

추분

어제가 추분이다
오늘부터는
밤이 낮보다
새끼손톱만큼 길어질 것이다
그 만큼
당신을 생각할 시간이 길어져서 좋다
동지까지는
더 많이 당신을 사랑할 수 있으리

또, 풍경이 울었다

불영사에서
하룻밤을 묵었다
심심한 부처님은 풍경을 흔들고
목어도 심심한지 혼자 놀고 있었다
은밀하게 하루를 일탈해 보려고
남몰래 산사로 몸을 숨겼지만
무료하고 답답하기는 마찬가지였다
탁발을 하는 것 보다는
귀동냥이 더 피곤할 것이다
입도 그렇고
귀도 그렇고
궁핍했던 시절이 편하고 좋았다
또, 풍경이 울었다
부처님도 불면을 앓고 계셨다
스님들도 속이 터질 때면
범종을 밤새워 타종할 것이다
아니다
성불에 탐욕이 생기면
목어의 가슴팍도 사정없이 쥐어박을 것이다
사람이기 때문이다

나도, 아둔한 내 머리로
목탁을 대신할 수 있다면
염치없는 근심쯤은 쫓아낼 수 있을 것이다
또, 풍경이 울었다
죽비로 부처님이 나를 내렸다

휜 등뼈를 곧게 펴고 산다는 것

맨 처음
호모 사피엔스의 조상들도
등뼈를 펴지 못한 채 기어 다녔을 것이다
휜 등뼈를 바로 세우고
직립 보행을 하기 위하여
수많은 시행착오를 겪었을 것이다
처음 걸음마를 배울 때는
강물도 휜 등뼈를 곧게 펼 수가 없어서
구부정하게 들녘을 휘돌아갔다
보릿고개를 넘어가다가
허기진 산길도 배가 고프면
제 휜 등뼈를 갉아먹으며
허리를 펴고 일어나려 애를 썼을 것이다
사유의 등뼈도
여차하면 남몰래 휘어지고 만다
휜 등뼈를 곧게 펴고 살아간다는 것이
결코 쉬운 일이 아님을 알고 있다
염치가 없어, 곧게
허리를 펴보지도 못한 채
한생을 구부정하게 걸어가는 그림자가 있다

내가 깜빡 잠든 사이

가려웠다

머리 밑도 가렵고
겨드랑이도 가렵다
턱밑도 가렵고
콧구멍도 가렵다
손바닥으로 쓰다듬으면
다투어 자란 모발들이 까칠하게 느껴졌다
행여, 내 일생이
내가 깜빡 잠든 사이에
나도 모르게, 삐죽 뒤어나온
코털만도 못한 것은 아닐까 싶어
거울을 쳐다보며 히죽거렸다
어깻죽지도 가렵고
오금도 가렵기만 하다
가렵다고
피가 나도록 긁을 수도 없는 것이 삶이다
팔을 뻗어도
손가락 끝이 닿을 수 없는 곳이 있다
외롭고 서러운 곳이다

내 몸에서
내 손이 닿을 수 없는 곳이 있다는 사실이
너무 황당하다
한 두 곳이 아니다
나뭇가지도 나뭇잎이 가렵다고 수군거렸다
손이 닿지도 않은 등을 긁으려다
뜬눈으로 밤을 지새울 모양이다

쉬지 않고 입방아를 찧는 것이다

변태

달아오른 철판위에
산낙지 한 마리를 올려놓았다

사지를 비틀고
몸부림을 치면서도
잔인한 인간에게는
목숨을 구걸할 수 없다는 듯
모진 불고문을 견디고 있었다
아무런 가책도 없이
참혹한 짓을 자행하면서
입안에 고인 군침을 먼저 삼켰다
평소처럼, 아주 능숙하게
낙지의 오장육부에 양념을 바르고
둠벙둠벙 먹기 좋게 가위질을 했다
식욕도 구차스러울 때가 있다
흐뭇하게 낙지의 임종을 지켜보았다

나는 변태였다

애벌레

비참하다

예쁜 나비가 되어
스스로 비행을 배울 때까지는
그냥 고개를 숙인 채
다소곳이 탈바꿈을 해야 하는 것이다
겨드랑이 밑에 숨겨놓았던
화려한 날개를 활짝 펼치고
우리들의 별로 날아가기 위해서는
징글맞다는 손가락질도
멸시의 조소도 참고 견뎌야 하는 것이다
누구에게나
그런 후줄근한 한 때가 분명 있었을 거다
오랜 날들을
천덕꾸러기로 살아온 나는
오늘도
습관처럼
해질녘 골목길을 기어 다녔다

먼 길

횟집의 유리 어항 벽에
큼지막한 전복 한 마리가
죽은 듯이 붙어있다

동안거를 마치고 온 노승의 형색처럼
좌정한 모습이 너무 거룩해서
한참이나 물끄러미 쳐다보고 있는데
눈물로 닦아도 투명해지지 않을
천길 벼랑 끝
아득한 유리 잔도에서
전복은 오체투구를 하려는 것이다

지고 가야할 등짐 위에는
치부할 사연들은 빠짐없이 각인해 놓고
탁발을 오가던 그 길을 반추하고 있다
등신불을 꿈꾸는 것일까
의젓하게 임종을 준비하고 있는 것이다
행여, 살아온 날들이 부끄럽지는 않았을까
또, 잠시 돌아앉아 옷깃을 여미고
아득히 먼 길을 재촉하고 있다

순례길

먼 길이다

곶자왈을 지나
나를 찾아 나선 순례길은
깊고 낯설고
두려운 길이었다

순례를 한다는 것
참회하며 걷는다는 것이다
올레길을 돌고
해파랑길을 걸어도
길은 길의 끝에서 출렁거렸다

입바른 사람들도
눈을 닫고
귀를 닫은 지 오래다
가도 가도
그 길은 망망대해일 뿐이다

사소한 일에도

후한을 두려워한 것이다
갠지스강변에서 만난
갈비뼈 도드라진 유기견의 모습이
눈에 밟혔다

서랍을 뒤지고
일기장을 뒤적였다

내가 나를 찾아다닌 수많은 길들이
담쟁이넝쿨처럼 서로 얽힌 채
허공을 어지럽게 기어 다녔다

출항

출항할 때마다
고깃배들은 심술을 부렸다
칭얼거리지도 않은
포구의 아랫배를 갈라놓는 것이다
뒤집힌 뱃살은 허옇게 뒹굴었다
참혹했다
풍광을 지켜보던 갈매기들이
떼를 지어 몰려와 바느질을 했다
찢어진 뱃살을 꿰매주는 것이다
그런 후에는
누명이라도 쓸까 두려운 듯
줄행랑을 쳤다
서둘러 집으로 돌아간 것이다
온밤 내
생살을 꿰맨 바다는
저 혼자 남아
아픈 배를 움켜쥐고 훌쩍거렸다

허공의 그물

밤 새
코를 짜고 꿰맨 그물이
허공에 걸려있다
아니다
허공이 그물에 잡히지 않으려고
몸부림을 치고 있다
아무것도 없는 허공에서
그물만 저 혼자 출렁거리는 것이다
처음부터
바람을 포획하려 꾸민 음모는 아니다
잡는다고 잡힐 위인이 아니란 것도 안다
새벽녘이 되면
술에 취한 이슬 몇 방울과
우둔한 곤충 몇 마리는 걸려들 것이다
그물을 쳐놓고
일용할 먹잇감을 기다린다는 것은
정말 간사스런 생존전략이다
누군가를 산채로 포획하여
야금야금 생살을 뜯어 먹어야 한다는 것은
잔인한 육식동물들의 고약한 식욕이다

풀잎 한 장 밑에 숨어서
그물의 주인이 망을 보고 있다
섬뜩한 살기가 허공에 가득하다

도끼

헛꿈을 접으면
여로는 끝이 날 일인데
나는 날마다
녹슨 도끼로, 내
발등을 찍는 것이다
분통이 터졌다
사소한 언쟁에도
도끼날을 세운 후엔
또, 두서없이
내 발등을 찍어놓고
며칠은 어금니를 갈아보는 것이다

지각

지각한 나를 흘깃 쳐다보며
그는 물었다
행복하냐고
말문이 덜컥 막히고 말았다

살아있음에
겸손할 줄 몰랐다
살아있다는 사실에 교만을 부렸던 것이다
일상의 낙수를 줍는 일이
한 모금 햇살을 받아 마실 수 있는 여유가
누군가와 부담 없이 웃음을 나눌 수 있는 일이
벅차고 뼈저린 행복임을 몰랐던 것이다

바람이 차다

오늘도 티눈 같은 생각의 옹이들이
무엇이 행복인지도 모른 채
또, 지각을 하고
벙어리가 되었다

염치

그냥 마음은 자꾸 용서하고 싶은데
몸은 몸대로 자꾸 돌아서는 것이다
용서라는 말은
움켜쥔 손아귀를 활짝 펴 보여주는 일이다
누구를 용서하기 전에
나를 먼저 온전히 용서해야 하는데
용서받을 염치도 없는 나는
하루 종일 먼 산만 하염없이 바라보았다
용서해야 할 내가
이래 애달파하고 있다는 사실을
용서 받을 그는 정작 모를 것이다
용서한다는 일이
이래 버겁고 이래 입술이 타는 일인데
용서받을 사람이 더 당당한 세상을
하루 종일 지켜 본
먼 산의 가슴도 활활 타고 있다

그 산의 능선에 큰 불이 났다

나는 또, 태연하게

이쪽 언덕의 바위에 앉아서
개울을 건너오는 산 그림자를 바라보았다
당신도 그대가 미칠 듯 그리울 땐
낮은 포복으로 기어온 산 그림자처럼
맨몸으로도 찬 개울을 건너갈 것이다
동짓달은 해도 짧고 바람도 차다
나무들도 추워서 팔짱을 끼고 있다
조급하게 살얼음 낀 개울을 건너가던 달 하나가
숨구멍에 풍덩 빠져 허우적거렸다
내 마음도 가끔은
산그늘에 붙잡혀 허우적거릴 것이다
해가 뜨고 해가 지는 동안
땅거미가 산 그림자처럼 기어올 때까지
개울 이쪽 언덕의 바위에 앉아서
나는 또, 태연하게
너를 기다리고 있다

변명

오늘 아침은
한동안 발길을 끊었던 까치들이 돌아와
요란스럽게 새벽잠을 깨우는 것이다
태평양을 횡단하여
그대가 돌아온다는 소식을
까치들은 숨어서 엿들은 모양이다
창문을 열어보니
물안개가 산허리를 품고 있다
연신 간절한 몸짓으로, 또박
또박 사설을 하고 있다
남의 말을 엿들은 것이
죄스러운 것이다

변명이 옹색했다

밤길

밤마다
부엉이가 울었다
어둠의 저쪽 끝에서
부엉이가 울 때면
소름이 돋았다

오랜만에 밤길을 걸으며
유년의 그 밤을 생각했다
관솔불을 켜고
가재를 잡아오던 새벽길은
지금쯤
이슬에 흠뻑 젖어있을 것이다

캄캄하다
이 길을 따라가면
그리움의 실패를 잡을 수 있을까
아직도 밤길은 서먹서먹할 뿐이다

무서웠다
또 부엉이가 울었다

멀리 있는 친구를 부르는 소리다
밤이 깊을수록
작은 소리도 멀리 들렸다
부엉이도 알고 있는 것이다
발목이 아프도록 걸었다
먼동이 텄다
이슬들이 신발에 달라붙었다

먼 산도 눈앞에 있고
꼬부랑길도 저 만큼 앞서가고 있었다

항복

추웠다
서둘러 퇴근을 했는데
현관문을 열 수가 없었다
디지털 도어록이 입을 다물고
시위를 하는 것이다
문밖에 있는 나는 괜찮은데
문안에 있는 아내의 목소리는 한기가 돌았다
손가락이 아프도록 버튼을 두드리다
A/S센터로 연락을 했다
잠시만 기다려달라는 예쁜 목소리다
재바른 걸음이면
십 분 안에 올 수 있는 거리인데
잠시라더니, 한 시간을 훌쩍 넘겼다
문밖에 있는 나는 조금 떨고 있는데
문안에 있는 아내가 더 떨고 있었다
기가 막혔다
버튼 하나의 옹고집 때문에
통째로 뜯어내고 재설치를 했다

그냥 항복을 했다

얼굴 뜯어먹기

세상에는
얼굴만 뜯어먹고 사는 사람들이
생각보다 많다
아랫배가 출출할 때마다
식탐이 돋을 때마다
남의 얼굴도 뜯어먹고
제 얼굴도 뜯어먹으며 살아가는 것이다
코가 납작해진 사람들
입술이 얄팍해진 사람들은
그렇게 뜯기고 할퀸 사람들이다
삶이 버겁고 팍팍할 때면
못생긴 얼굴이라도 뜯어 먹어야
질긴 목숨을 연명할 수 있을 것이다
이마를 더듬고 코를 만져 보고
귓밥은 성한지 잡아 당겨본다
아직은 뜯어 먹을 곳이
그나마 몇 군데는 남아있었다

갱년기

거울 앞에 앉아서
지문에도 없는 독백을 하고 있다
고요한 거울 속에는
화병에 꽂힌 조화처럼
그녀가 앉아있다

곧 예순이다

저녁노을처럼
입술에는 붉은 장미 한 송이를 물고
거울 속의 하늘을 화장하고 있다

아카시아꽃

창문을 열어보니
향기가 나비처럼 춤을 추었다
하얗다
해마다 이맘때면
하얀 향기의 꽃나비들은
산천을 하염없이 휘젓고 다녔다
향기보다 그윽하다
수줍은 아기씨의 분 냄새 같기도 하고
수음한 도련님의 몸 냄새 같은 향기가
사월의 허공에 꽃그림을 그렸다

기별

새벽에
전화를 받았다

또
약속을 어긴 한 친구가
먼 길을
먼저 떠났다는 기별이다

나도 한 살을 더 먹으면
그의 곁으로
한 살 만큼 더 가까이 다가 설 것이다
바람이 차갑다

한파를 뚫고
그의 유택으로 가는 발걸음들이
그를 데려가는 손길들이
한없이 미웠다

독한 사람들끼리 남아
독주를 마신 후
천년 같은 허공에 한숨을 뱉았다

말문이 막혀

살다보면
아주 갑자기
말문이 막힐 때가 있는 것이다
너무 뜻밖이라
목구멍을 넘어온 말도 못 뱉고
입술에 묻은 그 말도 전해주지 못한 채
바보처럼
그를 그렇게 속절없이 보내놓고
며칠째
물도 끊고 곡기를 끊어도
기가 차고 억장이 무너져서
명치끝이 쓰리고 아파 울먹이는 것이다
마주 서면
또 말 보다 먼저
가슴은 콩닥거리고
말문은 막히고

손목시계

서랍 속에서
한때는
나의 일상에 수갑을 채웠던
그를 만났다
그런 과거가 죄스러운 눈치다
창백한 안색이다
말문도 닫았다
하기야, 사연도 많았을 것이다
쓸데없이 한눈을 팔고 산
내 잘못이 크다
그를 원망하며
한때는 나도 폐인이 되려했다
나보다 먼저 일어나
나를 챙겨주던 그를 생각하면
내 옹졸함이 부끄러울 뿐이다
어깨를 두드려도 모른 체 하고 있다
오해란 그런 것이다
다시 한 번 뜨겁게 사랑하고 싶은데
이미 걸음마저 멈추고
눈을 감아버린 그에게
이제 나는 아무것도 아닐 것이다

악연

햇가지에 몸을 숨기고
슬쩍 담장을 넘어온
모과 한 알이
남의 집
사랑채 안팎을 염탐하고 있는 것이다
아주 생경한 몸짓은 아니다
얼핏 어깨를 부딪치며
한두 번은 흘겨본 눈빛이다
이것도 가당찮은 인연이다 싶어
반갑게 악수를 청하려는데
모과는 한참이나 나를 빤히 쳐다보더니
생뚱맞은 위인을 다 보겠다는 듯
얼른 고개를 돌려버렸다

훌륭한 가을

반시를 반시답게 익혀주고
단풍은 단풍답게 익혀주는
가을은 훌륭한 계절이다
작년이나 금년이나
내게는 아무 것도 변한 것이 없다
더러는 설익어도 좋지만
나는 한 번도 사람답게 익어보지 못했다
누구나, 자신만은
탐스럽게 익혀보려 애를 썼을 것이다
화근은 욕심이다
누가 시킨 것도 아닌데
가을이면 하늘도 파랗게 익어가고
산과 들도 훌륭하게 익어가고 있지만
그렇게 익어보지도 못한 나는
올해도 푸성귀인 채 무서리를 맞을 것이다

3부

수선

내가, 단골로 드나드는
수선집이 있다

만촌 네거리를 지나
담티고개 쪽으로 삼백 보쯤 걸어가면
오른쪽 첫 번째 승강장 옆에
인도를 조금 빗대어 물고
반 평 남짓한 하꼬방이 하나 있다
젖혀 연 판자문 안에는
벗겨지고 긁힌 미싱 한 대와
유물 같은 연장들이 정겹게 모여 앉았다
장엄하다
후미진 길들을 헤매고 다녔을
퀴퀴한 뒤꿈치들이
응급실에 누워있는 대기 환자들처럼
창백한 표정으로 작업대에 누워있다

화진포

출출할 때마다
그는
화진포의 옆구리를 물어뜯었다
대단한 사람이다
옆구리의 생살을 물어 뜯기고도
어금니를 앙다물고 견디는 것이다
귀를 열면
신음소리가 들릴 것도 같은데
물어뜯긴 이빨자국들이
백사장에 가지런하다
한생을 살면서
누구나 한두 번은 잘못을 용서받을 것이다
사람이기 때문이다
어쩌다 사려 깊지 못한
죄를 저었기에
날마다 옆구리의 생살을 물어뜯기면서
한 마디 변명도 못한 채 살아가는 것일까
물어뜯긴 자리마다
상처가 덧났다

헛발질

솔밭을 넘어 간
저녁 해가 눈시울을 붉혔다

애틋한 사연이 있는 것이다
구름도 덩달아 얼굴을 붉히고
먼 바다도 붉은 비단 물결처럼 출렁거렸다

그들보다 눈시울을 더 붉힌다는 건
암만 생각해도
그리 나는 못할 것만 같은데
먼 산마루도 쉽게 이마를 붉히고
작은 섬 몇몇도 벌겋게 얼굴을 붉혔다
나도 한 번
눈시울을 붉혀보려고
허방하게 산 세월을 향해
헛발질을 했다

떡잎

잎 넓은 고무나무 화분을
거실 창가에 두고
여러 해째 반려목으로 키우고 있다
가끔 시간이 허락할 때는
먼지 묻은 잎들을 닦는 재미도 솔솔하다
오늘도 여느 때처럼 잎을 닦고 있는데
몇몇 잎사귀에 황달기가 보였다
혹시나, 절기를 짚어보고서야
경칩이 훌쩍 지난 것을 알았다
봄이 오고 있음을
잎들이 먼저 알아차린 것이다
그게 떡잎이 되어 떨어지면
새내기 한 사람이
또 그 자리에 앉아있을 것이다
그렇게 터를 잡고 살아온 자리를
또 누군가에게
미련 없이 비워 준다는 것은
말처럼 쉬운 일은 아닐 것이다

대추나무

새벽잠을 깨웠다

대추나무가 주범이다
야무지게 발가락을 움켜잡은 것이다
지나가는 길에
안부만 잠시 놓고 떠나려 한 것인데
대추나무에게
발가락이 붙잡혀
떠나지 못하고 울고 있는 것이다
애틋하다
좀 도와달라고
단잠을 자는 나를 깨워
애원을 하는 것이다

교접

처음은 어색하고
생경스럽다
꽃과 나비의 교접도
수월하지는 않았을 것이다
꽃술도
머뭇머뭇
살얼음판을 걷듯 더듬거렸으리라
한눈을 파는 순간
꽃들도 염낭을 닫아걸었다
내가 찾은 나의 반쪽은
나의 분신이다
간절하게 소원하면
나도 너의 망부석이 될 수 있을 것이다

향기로운 꽃술

한생의 거울 앞에
당신은 앉아 계셨다
그 등 뒤에 서서, 나는
주름 많은 모습을 훔쳐보았다
팔순이시다
새끼들 몰래
한때의 사진을 꺼내 보는 것이다
찬란하다
모서리가 구겨진 사진들이다

이마 위에 피어난 작은 검버섯들
흑백의 표정은 천길 보다 깊다
눈웃음도 곱게 늙어간다는 것은
한생을 곱게 살았다는 뜻이다

꽃은 지고
또 꽃눈은 돋고
어느 새 꽃눈은 또 꽃을 활짝 피울 것이다
거울 속에서
어머니의 입술이 활짝 피었다

향기로운 꽃술이다

고삐 풀린 세월

날뛰었다
탱탱하게 고삐를 묶어야 하는데
성질이 가당찮았다
내가 사람처럼 살기도 버겁고
내 새끼도 사람 만들기가 버거운 세상인데
누구에게 충고를 한다는 것은
생각보다 어렵고 기막힌 일이다
입단속을 해 보는 것
귀단속을 해 보는 것
그것은 나를 새삼 닦달하는 방편인데
어느 것 한 가지도 만만하지가 않다
뒤집어보면
대충대충 살아온 세월도
지층처럼 두껍다
이제라도 나를 다시 닦달할 수 있을 것이다

고삐 풀린 세월이
벌써
예순을 넘었다

자취방

방문을 열면
퀴퀴한 냄새가 코를 찔렀다
사나흘 출장을 다녀온 것뿐인데
즐겨먹던 찬 냄새도
덮고 자던 이브자리냄새도
모두가 낯설게 느껴지는 것이다
깔끔하게 정리를 한 후 출장을 떠났는데
책상 위의 먼지도 적막처럼 깊다
대충 걸레질을 하고
서늘한 바닥에 몸을 눕혔다
벽지의 무늬들도 생경스럽다
낯선 여인숙에 투숙한 듯
잡념만 뒤적이다 출근을 했다

착각

자꾸
뒷모습에 눈길이 갔다
이 시간에
그가 여기에 올 리가 없는데
눈길은 자꾸 그를 따라 다녔다
섬광처럼
그가 얼핏 돌아보는 것이다
아니다
그저 무안해서
힐끗힐끗 주위를 살피는 척 하다가
미행을 따돌리듯
재바르게 지하철 속으로 몸을 숨겼다
창밖을 스치는 사람들의 모습이
모두 그를 닮았다
안타까웠다
창문에 눈을 붙이고 승강장을 살폈다
아닐 거야
아닐 거야 하면서도
자꾸
눈길은 그의 뒷모습을 따라가는 것이다

그리운 것은, 늘

멀리 있기에
더 그립다고 생각했다
그리운 것은
멀리 있다고 믿었기 때문이다
멀리 있는 것이
그리운 것도 아니고
더 그리운 것이
더 멀리 있는 것도 아니었다
그리운 것은, 생각보다
가까운 곳에 있었다
더 가까운 곳에 있는 것이
늘 더 그리웠다
순장을 당한 세월만큼
그리움도 순장되었으리라 믿고 살았다
순진한 착각이었다
곁에 있는 것이 더 간절하고
더 곁에 있는 것은 더 소중했다
소소한 일상이 쌓여 그리움이 된다는 것을
그리움이 먼지처럼 쌓여 추억이 된다는 것을
모르고, 산 세월이
허공에 가득했다

미행

뒤숭숭했다

귀도 밝고 눈도 밝았다

하늘을 쳐다보니
뚝뚝
심술이 떨어졌다

꾸중을 듣고 가출한 계집애 같은 표정이다

툭 건드리기만 하면
금방이라도 펑펑 눈물을 쏟아낼 것이다

돌아보니
조급한 발자국들이 귀가를 서둘렀다

일몰기간이 지난 이후

보이지 않는
낯선 그림자가 나를 미행하고 있었다

첫사랑의 눈물 맛

봄비가 올 때는
봄비를 맞고 걸어야
첫사랑도 어깨를 내 줄 것이다

정겨웠다
방천길의 라일락 향기도
그렇게 첫사랑을 품었을 것이다

하나의 우산 밑에서
네 개의 발자국이 엇박자로 걸었다

먼 산이 내다뵈는
창가에 서서
봄비에 흠뻑 젖은
단발머리를 생각했다

몇 장, 먼지 쌓인
기억의 장표를 넘기니
또박또박 봄비가 내리고 있었다

첫사랑의 눈물 맛이다

편지

열차를 타고 통학을 했다
열차라는 이름이
기차라는 이름보다 정겨운 것은
가만가만 떠오르는 추억들 때문일 것이다
그냥 생각만 해도
가슴이 터질 것만 같아서
잠을 설치며 쓰고 찢었던 편지가 그립다
남몰래 편지를 전해주고
큰 잘못이나 한 듯 달아났던 기억에
얼굴이 뜨겁다
사랑은 두려움을 깨우치는 것
사랑은 부끄러움을 깨우치는 것이란 걸
그때 알았다
많은 날들을 두려워하고
부끄러워했다
외쪽사랑을 해 본 사람들은 알고 있을 것이다
어느 날
나도 그렇게 답장을 받았는데
망치로 뒤통수를 얻어맞은 느낌이었다
편지란 말도

통학열차란 말도 이젠 모두 잊혀 진 이야기다

대합실 안의 커피숍에 앉아서
오지 않을 통학열차를 기다리고 있다
붙일 곳도 없는 편지를
볼펜으로 꾹꾹 눌러쓰면서…

상수리나무의 추억

상수리나무 밑에는
상수리 나뭇잎들이 수북하고
수북한 상수리 나뭇잎을 뚫고
상수리나무의 어린 새싹이 태어난 것이다
그렇게, 봄이 오가고 또 봄이 오고
어린 상수리나무는 자라서 어른이 되고
그 상수리나무에는 또 상수리 도토리가 열리고
상수리 도토리는 또 누가 시킨 듯 떨어지고
상수리 도토리는 또 상수리나무를 수태하고
또, 어느 날은
상수리 도토리가 아기집의 문을 열고
상수리나무의 어린 새싹을 순산할 것이다

백두산매발톱

백두산의 봄은
눈 깜빡할 사이에 지나갔다

그 짧은 시간 동안
백두산매발톱은
매발톱 같은 꽃을 피워야했다

어쩌다
그 봄을 잃어버린 뒤엔
춥고 서러운 기인 겨울을
보랏빛 꽃잎만 추억하며 견뎌야 할 것이다

거짓말

창밖은
아직
어둑어둑한데
새벽부터 까치들이 거짓말을 하고 있다
창밖을 염탐했다
눈도 아프고
목도 아팠다
까치들도 거짓말에 재미를 붙인 것이다
그냥 속아주는 척 해주니
정말
내가 속고 있는 줄 알고 있다
요란스럽게
내일도 새벽잠을 깨울 것이다

간절한 몸짓

목이 길어지면
그리움도 사무치는 것이다
기린의 몸짓이 간절해 보였다
기다림도
의미가 없을 때가 있다
하지만, 기다리며 살아야한다는 것은
틀니를 뽑아낸 잇몸으로
질긴 고기를 우물거리는 것 보다
더 서글프고 애달픈 일이다
바라만 보아도 목은 자꾸 길어지고
향수처럼 하염없이 애가 타는 것이다
저 높은 울타리를
살아서는 넘어가지 못할 운명임을 알았으리라
서산의 눈시울이 자꾸만 붉어졌다
고향의 하늘에서 만났던
그 해질녘의 간절한 눈물빛이다

토요일 단상

서둘렀다
출발 시간은 늦은 것 같은데
창밖을 보니
아직은 그칠 생각이 없는 듯
비구름이 산허리에 진을 치고 있다
한나절쯤은 더 비가 내릴 것 이다

버릇처럼 창문에 분신하는
빗방울들과 눈싸움을 했다
그 사이
먼 하늘도 제법 표정이 밝아졌다

칠월 첫 주말이다
오늘 같은 날은, 정중하게
거짓말을 해도 좋은데
똑똑한 예보가 문제를 만든 것이다
야외 탐색을 취소한 사람들이
모두 창가에 서서
실익 없는 눈싸움을 하고 있는 것이다

>

토요일인데
가랑비쯤에 겁을 먹고
그냥 집안에 갇혀 답답해하고 있다

놀아도 아랫배는 허출할 줄 알았다

혼자 사는 연습

아내는 아들과 여행을 떠났다
자유일정이다
어제는 피렌체에서 묵고
오늘은 베네치아로 간다고 했다
그 동안 나는 집에서
혼자 사는 연습을 하고 있다
새벽밥을 지었다
된장을 끓이고
설거지를 하고
청소를 하면서 세탁기를 돌렸다
아내는 만 리 밖에 있지만
나는 지금
그녀의 손바닥 위에 앉아서 재주를 부리고 있다
곳곳에 메모지를 붙여놓았다
세탁기 앞에도 한 장
냉장고 문에도 한 장
여자들은 남자들 보다 IQ가 높았다
그녀가 있을 때는 아무것도 아니었던 일들이
하나같이 생소하고 낯설기만 했다

>

홀로서기 위해서는

배워야 것들이 너무 많았다

한 순간

낚시는
똑똑한 인간이
어리석은 인간을 유인하는 전술이다
잡으려는 자와
훔치려는 자의 EQ 싸움이다
그대가 태공이었으면
얄팍한 입질쯤엔
담대하게 기다렸을지 모른다
스스로 조급해 지는 순간
기다림은 헛손질이 되고 말 것이다
잡으려는 자는 기회가 많지만
미끼를 훔치려는 자는
하나뿐인 목숨을 걸어야 한다

생사의 갈림길도
한 순간이다

일출 1

새해
아침
호미곶이 호들갑을 떨었다
화근은 망년회다
과음을 방관한 것이다
아랫배를 움켜쥐고
능청을 떨고 있다
수평선 저쪽
캄캄한 먹구름을 뚫고
여명이 밝아왔다
백마를 탄 서라벌의 후예들이
넘실거리는 초원을 달려오고 있었다

산그늘

산그늘이 내려와
산의 발목을 덮었다
정상에서 흘러내린 물결이
배꼽 밑까지 내려와 찰랑거렸다
붉어진다는 것은
곱게 여물어간다는 것이다
머리에서
발끝까지 곱게 여물고 있다
추분이 지나고
한로도 지났다
밤이 낮보다 길어지면
사랑할 시간도 그만큼 길어질 것이다
부지깽이도 날뛰는 계절이다
산그늘도 그림자를 펼칠 시간보다는
말아 올릴 시간이 더 짧을 것이다
한 해를 지겹다고 느낄 때도 있었는데
이제는 엊그제의 무용담일 뿐이다
산의 키는 여전한데
산그늘만 저 혼자
호박오가리처럼 쪼그라들었다

코흘리개

코흘리개 하나는 업고
하나는 안고
전봇대 마다 붙어있는
광고지를 훑고 다녔다

까맣게 잊었던 풍광이다

저녁 무렵
낯선 골목길을 지나가는데
다닥다닥 전월세 광고지가 붙어있는 전봇대 앞에
찡찡거리는 아이들을 다독이며
망설이듯 부부는 서 있는 것이다

보증금 일십만 원에
달세로 일만 원을 주고 살던
그 집의 문간방이 그리워졌다

간사스럽다

수동펌프로 우물물을 긷고

연탄불로 외풍을 쫓던 그때가
지금보다 넉넉하고 행복했던 시절이다

갑자기 눈시울이 뜨거워졌다

꽃나비

며칠 사이에
날이 활짝 풀렸다

범물지池를 지나
진밭골로 올라가는
산기슭마다
서둘러 봄 마중을 나온
꽃나비 떼들이
벚나무 가지에 옹기종기 모여앉아
하얗게 날갯짓을 하고 있었다

바람이 불 때마다
서로 예쁜 날갯짓을 뽐내보려고
손을 잡고 군무를 추는 것이다

4부

까치밥

흉년이 든 해도
해거리를 한 해도
인정은 그대로였다
넉넉하게 까치밥을 남겨놓은 것이다
너무 많이 열어서도 아니고
따는 것이 버거웠어도 아니다
잎이 진 우듬지에는
까치밥들도 사이좋게 쪼그라들고 있었다
햇가지들의 생김새가 너무 정겹다
그 가지와 가지 사이에
까치집이 하나 있다
지금은 빈집이다
까치도 때가 되면 다시 돌아와
세상에서 제일 예쁜 새끼들을 키울 것이다

일상

가볍게 잠을 쫓아낸
아침햇살이
무뚝뚝한 그의 어깨 너머에서
화사하게 웃고 있다

서둘러
엘리베이터를 탔다
18층에서 내려오는 동안
5번을 멈추었다
바쁠수록 일상은 단출하지 않았다

현관 계단을 내려서니
쌀쌀맞은 날씨에도
송이마다 동백꽃은 눈물을 머금었다
사연이 깊으면 눈물이 나는 것일까

여전히 출근길은 붐비고
도로에 고였던 빗물은 튀어 올라
간간이 차창에 분수처럼 흩어졌다

불면의 밤

잠 못 드는 밤이 잦았다
보잘 것 없는 근심거리들이
짓궂게 잠자리를 불편하게 만들었다
누군가 낮은 목소리로 부르는 것도 같아
창문을 열어보면
뒷산의 숲들이 깨어있는 것이다
은사시나무 숲길을 걸었다
잠이 덜 깬 달그림자도 미행을 하고
예민한 나뭇잎들도 깨어 수근거렸다

불면은 자웅을 겨루는 토론이 아니다
나와 나의 언쟁으로 밤을 밝히는 일이다
그 사이, 초승달은 만월이 되기도 하고
풀꽃들과 이별한 풀벌레들도
밤마다 서럽게 울었던 것이다

풀꽃향기

풀꽃을 몇 잎 뜯어
보드랍게 비비면
풀꽃향기는 아득히 숨을 멎게 했다

선낫질을 하다 베인 왼쪽 엄지손가락에
비빈 풀꽃을 붙이고 다닌 날들이
엊그제의 전설 같다

그렇게 한참을 한눈 팔고 나면
거짓말처럼 피는 멎고
손가락엔 풀꽃향기가 그윽했던 것이다

이름 없는 풀꽃들을 보면서
옛일을 두레박질 한다
풀꽃향기보다 못한, 나는
그런 풀꽃 속에 기생하는
한 마리의 곤충이다

능금

삼월 하순이다
지난 구정에
선물로 받은 능금 상자를
이제야 개봉한 것이다
너무 게을렀다

반쯤은 썩어있고
반쯤은 거뭇거뭇 곰보가 되어있다
차마 그냥 버리려니
미안함이 앞섰다
배고팠던 시간들도 눈을 찔렀다

추석 무렵이면, 당신은
날마다 능금밭으로 품을 팔러 다녔다

돌아올 때면
썩은 능금 한 광주리씩을 이고 오셨다
후벼내고 발라내고
반은 우리가 먹고 반은 소가 먹었다
손가락을 꼽아보면

오십년이 넘어버린 흑백 사진 속의 풍광이다
능금과 눈빛이 마주칠 때마다
그 시절 그 기억이 가슴을 후벼 판다

흠이 있는 능금이 맛있다는 것은
흠이 있는 사람이 아름답다는 것이다

수평선

호미곶 방파제에 앉아서
손바닥 위에
저무는 동해를 올려놓았다
멀리
수평선의 손바닥 위에도
수평선에 발목이 잡힌
배 한 척이
외딴 섬처럼 정박해 있다
하현의 조각달도
수평선에 꼬리를 붙잡힌 것일까
멀리는 도망가지 못하고
부메랑처럼 바다 위를 맴돌고 있다
바다는 더 출렁거리고 싶은데
수평선의 한 쪽 끝을 당겨 와
서로의 몸을 단단하게 묶어놓은 듯
밤 깊도록
연인들도 방파제를 떠나지 못했다

겨울 아침

새벽이다
먼동이 트는 창문 앞에
앞산이 다가와 우뚝 서 있었다
잔설을 홑이불처럼 덮고
겨울밤을 온통 지센 것이다
일기예보도
반백년 만에 찾아온 한파라고 수다를 떨었다
손가락도 얼고 발가락도 꽁꽁 얼었던 것이다
얼마나 야단스런 추위였으면
창문 앞에까지 무단 침범하여, 호호
손을 불고 발을 구르며
아랫목의 온기를 그리워하였을까
창문이 덜컹거릴 때마다
뽀얗게 입김이 휘날리는 것이다
덩치만 고만고만하다면
한나절쯤은
따뜻하게 몸을 녹여 보내고 싶다

은행잎

담티고개를 넘어가는
인도 위에는
너무 높고 푸른 하늘 때문에
자살을 모의한 은행잎들이
단체로 뛰어내려 신음하고 있다
서로 높은 곳에서
다투어 몸을 던진 살신의 현장이다
한생을 일탈해야 하는
기막힌 사연이 있었을 것이다
안타까운 피눈물들이
인도를 노랗게 물들이고 있다

가장

당신의 걸음걸이가
눈에 띄는 장날은
한두 근쯤
비곗살을 끊어 든
팔을 엇박자로 흔들면서
당당하게 헛기침도 하였던 것이다

간만에
술 한 잔을 드신 날이면
검인 도장이 퍼렇게 찍힌 비곗살도
둘둘 말아놓은 신문지를 뚫고 나와
당신의 신바람을 응원했던 것이다

붕어빵

먼저
붕어의 목을 비틀고
가슴지느러미를 잘라냈다
눈알을 파먹으면
눈이 밝아진다는 소리에
새끼손톱으로 눈알을 후벼 파
야금야금 삼켰다
다음은
눈알 빠진 대가리를
통째로 씹었다
한참을 씹어도 뼈다귀는 없었다
생선 맛은 대가리라고 했는데
제법 붕어가 입맛을 돋우는 것이다
그 다음은
꼬리지느러미를 삼키고
갈비 한 짝을 물어뜯었다
세 마리에 천원이라는 피켓을 들고
쌀쌀한 초저녁이면
겨울 붕어들도 고향을 찾아오는 것이다

오후

점심을 먹은 후
몇 조각의 그리움을
식빵처럼 찢었다
커피 한 잔을 타 놓고
또 몇 조각의 그리움을
휴지처럼 구겼다
하늘의 바탕을
맑은 청색으로 칠하고
철탑선이 지나는 능선을 바라보았다
그 능선을 따라가면
외봉낙타의 혹을 닮은 산봉우리
몇 개도, 우뚝우뚝 그리움처럼
고개를 쳐들고 있을 것이다
2층 사무실 창틀 안에는
몇 폭의 그리움과
액자 몇 개의 추억들이
주인의 허락도 없이 무단 입주한 채
뉴캐슬병에 걸린 병아리들처럼 졸고 있었다

이맘때쯤은

얼떨결에 넘어버린 경계가
耳順의 강이었다
먼동이 터도
마음을 다잡지 못한 하현달은
문 밖을 서성거렸다
이마 위에는
곤궁했던 날들의 이력이 그렁거렸다
허접한 행로의 흉허물들이다
입술이 봉인된 것도 아닌데
안부 한 번 여쭙기가 어지간히 무정했다
새치들을 염색해 놓고
한참이나 거울 앞에 앉아 너스레를 떨었다
문제는 하루가 아니었다
한 달도 그렇게 보내고
또 일 년도 그렇게 보내야 하는 것이다
내 몸에서 탈출한 허상들이
탱자나무 가시에 걸려
찢어진 손수건처럼 펄럭거렸다
손을 휘저어도 경계의 꼬리는 잡히지 않았다
이맘때쯤은

그 애도 하현달만큼 쪼그라진 모습으로
밤하늘을 문득문득 쳐다보고 있을 것이다

답답한 하늘이 가을처럼 푸르렀다

벼랑 끝에 서 있었다
아찔했다
낭떠러지 밑에서 올려다보는 그도 분명
오금이 저릴 것이다

허공의 수심은 몇 km나 될까

벼랑 끝에 선다고
실마리가 풀리지는 않은 것이다
옥상의 난간에 서서
종이비행기를 접어 날렸다
멀리 날지 못하고 자유낙하를 했다

입추다
뭉게구름도 서로의 어깨에 손을 올리고
가을을 마중하고 있다

답답한 하늘이 가을처럼 푸르렀다

낯선 것들로부터

갈은 반찬인데
내 입술에 익숙하던 그 맛이 아니다

눈을 감고 걸어도 훤하던 고부랑길이
곧고 넓어진 후로부터
그냥 낯설어지고 말았다
익숙하던 고부랑길이 수월했는데
신작로가 불편함을 만든 것이다

산다는 것은
낯선 것들로부터
날마다 우리들을 익숙하게 만드는 것이다
순종에 길들여진 짐승들처럼
우리들도 뻣뻣한 세상을 향하여
날마다 고분고분 살아가야 하는 것이다

순한 짐승

서넛만 모여도, 수컷들은
패싸움을 했다
그런 수컷들도 태어날 때부터
웬수는 아니었을 것이다
핥고 뜯는 재미로
추임새도 배우고
어깨춤도 배웠으리라
그런 짓의 의미도 모른 채
어린 것들은
그 짓으로 명성을 얻으려는 것이다

엄마품만 떠나면
세상은
온통 무법천지인데

수컷들도
태어날 때는, 모두
순한 짐승이었을 것이다

땅거미

강둑을 넘어온 땅거미들은
강물보다, 더 어둑어둑한
그물을 짰다
강물의 깊이가 캄캄하게 깊어질수록
땅거미들은 더 촘촘하고
더 야무진 그물을 짜는 것이다
그렇게 짜 놓은 그물 하나를
먼 산과 산 사이에 투망처럼 던져놓고
밤새워 빈 하늘을 지켜보았다
밤이 깊고 캄캄해질수록
더 많은 별들은 그물에 걸려들고
새벽녘쯤엔
하현달도 하나 그물에 걸려 퍼덕거렸다

까치집

고압선 철탑 위에
까치 부부가 신방을 차렸다
알을 낳고 새끼를 키울 것이다
저렇게 높은 곳에
신방을 꾸민 것은
태어날 새끼들에게
넓고 아름다운 세상을 보여주고 싶어서다
더 아름다운 풍경을 바라보며
자라난 새끼들은
그만큼 아름다운 꿈을 꾸며 살아갈 것이다
밤마다 높은 곳에서
더 높은 곳을 바라보다
쪽배를 타고 오는 옥토끼도 만날 것이다

생각을 더하고 곱하고

생각에 생각을 더하고 빼고
생각에 생각을 곱하고 나누다보면
아무것도 아닌 생각들이
무질서하게 더해지고 곱해져서
헝클어진 그물코에 갇혀있거나
한 우물에 빠져서 바동거릴 것이다
더러 생각이 온전할 때도
먼저 도망갈 생각만 빼고 나누다보면
코 좁은 그물에 걸린 물고기들처럼
몸은 더 단단하게 결박될 것이다

특권

신호가 몇 번 바뀌어도
좌회전 차선은 줄어들지 않았다

앞의 끝도 없고
뒤의 끝도 없었다
출근 시간 마다 반복되는 현상이다
십분만 빨리 얌체 구간을 통과하면
편안하게 출근을 할 수 있는 길이다
공연히 오늘도 어정거리다가
또 시간에 쫓기는 신세가 되고 말았다
그런 남의 속도 모르고
차들은 태연하게 끼어들기를 즐기고 있다
힐긋힐긋 운전자의 얼굴을 확인해 본다
모두가 이목구비 반듯한 정상인이다
궁금했다
또 몇 번, 신호가 바뀌었다
좌회전 차선은 여전히 제자리걸음이다
줄어들지 않는 것이 아니고
염치없는 차들이 그 자리를 또 차지하는 것이다
그렇게, 오늘도 발목이 잡혔다가

지각을 했다
빌어먹을
새치기는 자랑스러운 특권이었다

결

가장 행복한 복수가
용서라고 했는데
그 나무의 결도 읽지 못하고
매끄러워야할 그 면이
거칠어지는 줄도 모르고
나는, 날마다
부단히 대패질을 했다

봉인된 기억

서재를 정리하다가
야무지게 봉인된 봉투를 발견했다
분명, 내가
야무지게 보관한 봉투일 터인데
나는 전혀 기억이 없는 것이다
봉투를 열어보니
이미 오래전에 지급 정지된
구겨진 어음 몇 장이 들어있다
IMF를 넘어오던 그때의 일이다
S금속의 Y사장이 발행한 어음이다
얄팍하던 그의 입술과
빤질빤질하던 그의 이마를 믿었던 전리품이다
부질없는 한때의 기억이다
봉인해 둔 기억이 자못 씁쓸했다
그때 찢어버렸으면 좋았을 텐데
변명도 듣지 못한 궁핍한 사연들이
이제야 봉인을 풀고 나와
물끄러미, 창밖을 바라보는 것이다

가족사진

치매 판정을 받으신 후

기억이 있으실 때
가족사진을 찍어두자는
아내의 제안에
육남매 부부는 날을 받아 모였다
하의는 청바지로 하고
상의는 흰색티셔츠로 통일을 했다
처부모 내외분은
처음 입어보는 청바지가 어색하신 듯
이런 걸 왜 입느냐고 혀를 차셨다

그렇게 함께 찍은 사진을 보면서
장모님은 물으셨다
내 손을 잡고 있는 이 남자가 누구냐고

아내는 속절없이 눈물을 쏟았다
짧은 순간이지만
육십 몇 년을 동락한 남편을 몰라보다니

>

돌아보면

아등바등 살 때가 좋았다

이제부터는

행복했던 날들을 지우는 여정인 것이다

요즘은, 내 기억력도 의심스러웠다

어제 일도 그렇고

오늘 일도 그렇다

현관의 비밀번호도 깜박할 때가 있다

그렇게 내 기억들로부터

내가 버려지고 있듯

여든이 넘으신 장모님이야

지워지고 있는 기억들을 다 붙잡지는 못할 것이다

어쩌면 좋을까

나도 덩달아 눈물이 났다

해설

일탈의 궁리와 깨달음의 시간

이경수 문학평론가 · 중앙대 국문과 교수

일탈의 궁리와 깨달음의 시간

이경수 문학평론가 · 중앙대 국문과 교수

1.

어려선 몰랐던 것을 나이를 먹어가며 알게 되는 것들이 있다. 가족을 비롯해 직장, 그 밖에 이런저런 크고 작은 집단에 소속되어 살아가다 보면 관계 속에서 시달리며 얼마간의 대가를 치르고 알게 되는 것들이 있다. 나이를 먹는다고 저절로 철이 드는 것도 아니고 저절로 사유가 깊어지는 것도 아니다. 비슷한 경험을 한다고 해서 그것이 그 경험을 한 이들에게 동일한 영향을 미치는 것도 아니다. 그 경험을 얼마나 아프게 통과했는지에 따라, 어떻게 통과하고 어떻게 받아들였는지에 따라, 경험이 피가 되고 살이 되어 이후의 삶을 깊어지고 넓어지게 하기도 하지만 언제 그런 일을 겪었냐는 듯 쉽게 잊어버리고 별다른 변화 없이 살아가게 되기도 한다. 인생이 어려운 것은 어쩌면 그 때문일지도 모르겠다. 정답이 있는 것도 아니고 비슷한 과정을 겪는다고 비슷한 결과가 나오는 것도 아니라, 많은 이들이 앞서 걸어간 길을 가면서도 우리는 또 다시 시행착오를 겪고 비슷한 실수를 반복하기도 하고 여전히 아파하고 괴로워하며 저마다 인생의 길을 걸어가는 것이 아닐까?

김환식의 시집을 읽으며 이런 생각을 하게 된 것은 그의 시가, 살아오면서 많은 대가를 치르며 알게 된 소소한 삶의 진리를 아포리즘의 형태로 드러내는 경우가 적지 않아서였을지도 모르겠다. 김환식의 시에는 생활인으로서의 시적 주체가 종종 모습을 드러낸다. 일상은 그의 시를 태어나게 하는 시적 발상의 출발지이자 시적 주체가 끊임없이 벗어나고 싶어하는, 일탈의 꿈을 추동하는 장소이다. 쳇바퀴 돌듯 반복되는 현대인의 소모적인 일상이 일탈을 꿈꾸게 하지만, 일상의 지속이 선사하는 소중함도 무시할 수 없음을 김환식 시의 주체는 잘 알고 있다.

눈만 뜨면
다람쥐는 쳇바퀴를 돌렸다
쳇바퀴 속에 갇힌 날부터
아름다운 궁리도 감금당한 것이다
한 번쯤은
자살을 꿈꾸었을 것이지만
몸이 지쳐 쓰러질 때까지
날마다 쳇바퀴를 돌리고 있다
누가 시킨 것이 아니다
몸은 갇혔지만
생각은 갇힐 수 없었기 때문일 것이다
창가에 앉아

눈이 아프도록
다람쥐의 몸부림을 지켜보았다
훌륭했다
다람쥐보다 내 생각이 비루한 것이다
발걸음은 산천을 순례하였겠지만
생각은 쳇바퀴 속에 갇혀서 절망하고 있다
그렇다
다람쥐만 쳇바퀴를 돌리는 것이 아니다
눈만 뜨면
일탈을 궁리하는, 나도
날마다 쳇바퀴를 돌리고 있는 것이다

—「궁리」 전문

눈만 뜨면 쳇바퀴를 돌리는 다람쥐를 바라보는 시의 주체의 시선에 변화가 일어난다. 처음에는 쳇바퀴 속에 갇혀 "아름다운 궁리도 감금당한" 채 살아가는 다람쥐를 측은히 여기는 연민의 시선으로 바라보던 시의 주체가 문득 날마다 같은 일상을 반복하는 자신의 삶도 쳇바퀴를 돌리는 다람쥐와 다를 바 없음을 깨닫는다. 그것은 "창가에 앉아/ 눈이 아프도록/ 다람쥐의 몸부림을 지켜"본 결과 도달한 깨달음이다. 쳇바퀴를 돌리는 삶에 싫증을 느낀 다람쥐도, 아마도 시의 주체가 그랬듯이 "한 번쯤은/ 자살을 꿈꾸었을 것이지만" 실행하지는 못하고 몸이 지쳐 쓰러질 때까지 날마다 쳇바퀴를 돌리며 살아가고 있다. 다람쥐를 바라보던 시의 주체는 문득 쳇바퀴를 돌리는 다람쥐의 일상이 "누가 시킨 것이 아"님을 깨닫는다. 어쩌면 다람쥐의 저 행위보다 더 비루한 것이 자신의 생각임을, 누가 시킨 것도 아닌데 일상에 갇혀 아름다운 궁리도 감금당한 채 살아가는 자신이야말로 비루한 존재임을 벼락 치듯 깨닫게 된 것이다. 쳇바퀴 안에 갇혀 있는 다람쥐의 신세에 비하면 자신은 산천을 순례한 경험도 가지고 있는 자유인이지만, 그럼에도 일상의 감옥에서 벗어나지 못한 채 "눈만 뜨면/ 일탈을 궁리하는" 자신도 다람쥐와 다를 바 없음을 성찰한다. 쳇바퀴를 돌리는 것은 다람쥐만이 아니며, 눈만 뜨면 일탈을 궁리하는 자신의 생각도, 일상도 날마다 쳇바퀴를 돌리듯 반복되고 있음을 아프게 성찰한다.

일상은 "세상에서/ 가장 편한 집으로 돌아가는" 일이기도 하지만 한편으로는 달아나고 도망가고 싶은 곳이기도 하다. 일탈의 욕망을 부추기는 그곳에 바로 돌아갈 수 없어 "날마다 좌불안석"이고 "늘 두렵고 초초해 하는" 직장인이 김환식의 시에는 등장한다. 퇴근 후 바로 집에 돌아가는 습관을 가지고 있는 화자에게 날마다 전화해 "바로 갈 거야?"라고 묻는 "그의 하루는" "빌딩의 그림자가/ 그를 밟고" 서는 저물 무렵이면 "더 적막하고/ 지난해졌"(「그의 하루는 지난했다」)을 것이다. 이 지독한 외로움의 근원은 날마다 반복되는 현대인의 일상이 주는 불안과 공포에 놓여 있다. 현대인이라면 누구라도 그런 불안감으로부터 자유롭지 못한 일상을 살아가고 있을 것이다.

가렵다

오른쪽 어깨 너머

내 손이 닿을 수 없는 그곳은
설움을 타는 객지인 것도 같고
어느 외진 무인도 같기도 하다
왼팔을 뻗고
오른쪽 어깨를 비틀어도
더는 닿을 수 없는 그곳의 가려움은
반듯한 사람을 감질나게 만들었다
내 손으로
내 몸의 가려운 곳도 치유하지 못하면서
누구에게는 아는 체 멘토 노릇을 하고
여차하면
신경질이나 부리는 내가
가증스럽다

—「내 손이 닿을 수 없는 곳」 전문

"오른쪽 어깨 너머/ 내 손이 닿을 수 없는 그곳"은 시의 주체의 외로움을 각성시킨다. 내 몸의 일부인데도 손이 닿지 않아 가려움을 해소할 수 없다는 깨달음은 자신의 무력함을 자각하게 하고 다른 한편으로 가려움을 대신 긁어줄 누군가를 떠올리게 함으로써 주체의 외로움을 인식시킨다. 가렵지만 손이 닿지 않는 그곳이 "설움을 타는 객지인 것도 같고/ 어느 외진 무인도 같기도 하다"고 느끼는 까닭도 여기에 있다. 시의 주체는 자신이 "내 손으로/ 내 몸의 가려운 곳도 치유하지 못하"는 신세임을 곧 깨닫는다. 누군가에게는 아는 체하며 멘토 노릇도 하고 여차하면 신경질도 부리고 해왔던 자기 자신이 자기 몸의 가려운 곳 하나 치유하지 못하는 보잘것없는 존재임을 깨닫는 데서부터 어쩌면 자기 성찰은 시작될 것이다. 자신이 특별한 사람이 아니라 흠도 있고 못난 면도 있는 평범한 사람임을 자각하는 데서부터 자신을 성찰하고 타인을 겸손하게 대하는 태도가 시작될 테니까. 자신의 못난 모습에 가증스러움을 느꼈던 주체는 머잖아 그런 모습까지 자신의 모습으로 인정하며 자신도 어쩔 수 없는 외로움을 받아들이고 비로소 자유로워질 것이다.

2.

김환식의 이번 시집에는 대상을 바라보고 관찰하는 주체가 자주 모습을 드러낸다. 눈이나 시각, 보는 행위 등이 그의 시에 자주 포착되는 것도 그 때문이다. 일상에서 시적인 순간을 건져 올리는 김환식에게 대상을 관찰하고 대상의 본질을 포착하는 일은 중요할 수밖에 없다. 대상을 관찰해 그 본질을 꿰뚫어보고자 하는 주체의 시선은 마치 지하철 안에서 마주친 "새장 속의 앵무새"의 시선과 흡사하다. 새장 속 앵무새와 시선이 마주쳤을 때 시의 주체는 앵무새가 자신더러 "바보야, 뭘 봐"라고 속삭이는 것처럼 느낀다. "내가 바보란 사실은 나밖에 모르는데" 새장 속의 앵무새에게 들켰다는 생각에 주체는 "너무 부끄러워서/ 도망치듯 지하철을 빠져나"온다. 집까지 겨우 달려온 주체는 숨을 돌리고 베란다 창가에 서서 먼 산의 능선을 바라보다가 "검푸른 몸빛의 커다란 앵무새가/ 이쪽을 바라보며 속삭이고 있(「바보야, 뭘 봐」)"는 모습과 다시 마주친다. 김환식 시에 등장하는 '앵무새'는 마치 서정주 시의 '부흥이'처럼 시의 주체의 분신에 가까운 모습을 하고 있다. 시적 주체의 일상을 비집고 들어와 본질을 꿰뚫으며 각성을 촉구하는 존재라는 점에서 앵무새는 시의 주체가 있는 곳이면 어디에나 있다. 아무리 달아나려 애써도 앵무새의 시선에서 벗어나지 못한다는 점에서 그것은 일상의 주체를 관찰하며 각성을 촉구하는 성찰적 주체에 가깝다.

사람이 뒷걸음질을
칠 수 있다는 것은
눈앞이 침침해질 때면
몇 걸음 뒤로 물러서서
잠시 하늘을 쳐다보라는 것이다
초행길도 아닌데
어렴풋이 자꾸만 엇갈리는 것은
꿰었던 단추도 모두 풀고
처음부터 다시 한 번 꿰어보라는 뜻이다
내가 나를 보고 싶어도
거울 앞으로 너무 가까이 다가서면
내가 나마저 볼 수가 없다
뒷걸음질을 칠 수 있다는 것은
뒤로 몇 걸음 물러서서
내 모습을 거울에 자주 비춰보라는 것이다

— 「내 모습을 거울에 비춰보는 일」 전문

보는 행위에 대한 남다른 인식을 가지고 있는 주체에게 "내 모습을 거울에 비춰보는 일"은 단지 일상의 일부분만은 아닐 것이다. 거울을 보는 일은 하루에도 몇 번씩 경험하는 일상적인 행위이지만, 그런 일상의 습관을 통해서도 시의 주체는 깨달음을 얻는다. "내가 나를 보고 싶어도/ 거울 앞으로 너무 가까이 다가서면/ 내가 나마저 볼 수가 없다"는 것을 경험을 통해 깨우친 것이다. 흔히 우리는 가까이 다가서면 더 잘 볼 수 있는 것처럼 착각하기 쉽지만 때론 너무 가까이 다가서서 볼 수 없는 경우도 있다. 자신을 정확히 성찰하지 못하는 이유도 그런 이치와 별반 다르지 않을 것이다. 거울을 보는 습관적 행위를 통해 시의 주체는 때로는 가까이 다가서는 대신 뒷걸음질을 쳐서 적당히 거리를 둬야 보이는 것이 있음을 알게 된다. 그리고 여기서 더 나아가 "사람이 뒷걸음질을/ 칠 수 있다는 것은/ 눈앞이 침침해질 때면/ 몇 걸음 뒤로 물러서서/ 잠시 하늘을 쳐다보라는" 뜻임을 간파한다. 반복되는 일상 속에서 우리는 대개 뒤로 물러나 거리를 두고 바라보는 여유나 실수를 인정하고 처음부터 다시 시작하는 여유를 놓치기 쉽다. 한 번 넘어지면 그것으로 끝이라고 생각하는 조바심과 불안, 그리고 무엇보다도 경쟁을 부추기며 불안감을 조성하는 사회적 분위기가 그런 마음의 여유를 빼앗아 갔을 것이다. 살아오면서 여러 차례 시행착오를 겪어 온 경험을 통해 김환식 시의 주체는 "뒷걸음을 칠 수 있다는 것"의 미덕이 뒤로 몇 걸음 물러서서 자신의 모습을 거울에 자주 비춰 보라는 데 있음을 전하고자 한다.

산사의 해우소에 앉아
기막힌 사연들과 해후를 했다
마누라 구함에서부터
오장육부를 판다는 절규들이
이승의 미로를 헤매고 있었다
거기 앉아있는 순간만은
우리 모두는, 세상에서
가장 행복한 부처가 될 수 있을 것인데
목이 말랐다
곤궁한 햇살 한 모금을 받아먹고
갈증을 풀었다
구린내가 났다
천정을 올려다보니
금이 간 기왓장을 파고 든
빛 한 줄기가 눈을 찔렀다
피할 수가 없었다
정말, 아주 짧은 순간
온전히 시력을 상실하고 말았다
못 볼 것들을
너무 많이 보고 살았기 때문이다

세상이 온통 캄캄해졌다

—「정말, 아주 짧은 순간」 전문

산사의 해우소에 앉아 잠시나마 세상에서 가장 행복한 부처가 될 수 있을 거라 생각했던 시의 주체는 정작 그곳에서 "기막힌 사연들과 해후"한다. "마누라 구함"이라는 배우자 구인 광고부터 장기를 판다는 절규까지 이승의 미로를 헤매는 사연들과 그곳에서 마주친다. 생리적인 활동에 집중하며 세상만사를 잠시 잊을 수 있을 거라는 생각과는 달리 그곳에서 시의 주체는 "목이 말랐"고 "곤궁한 햇살 한 모금을 받아먹고/ 갈증을 풀었다". 아득해지다 천정을 올려다 본 시의 주체의 눈을 "금이 간 기왓장을 파고 든/ 빛 한 줄기가" 찔렀다. 피할 수가 없었다고 그는 고백한다. "정말, 아주 짧은 순간/ 온전히 시력을 상실하고 말았다"는 고백이 이어진다. 눈은 세상을 바라보는 창이라는 점에서, 김환식 시의 주체에겐 세상을 관찰하고 인식하는 창이라는 점에서 "정말, 아주 짧은 순간" 시력을 상실하고 말았다는 것은 세상을 바라보는 창을 차단함으로써 보는 행위를 거부하는 것이라 볼 수 있다. 아주 짧은 순간 시력을 상실한 것이 주체의 의지라고 볼 수는 없지만 "못 볼 것들을/ 너무 많이 보고 살았기 때문"이라고 이유를 찾는 데서는 주체의 의지를 어느 정도 읽을 수 있다. 미암사에서 눈을 뜨고 주무시는 부처를 보고 "그의 발가락 하나보다 작은 내가/ 어깨를 들먹이며 돌아다닌 것"을 부끄러워하다 못해 가증스러워하며 하늘을 쳐다본 주체는 햇볕이 눈을 찌르는 순간에 대해서도 "쓸데없는 것들은 보지 말라"(「와불 2」)는 의미를 부여한다. 이처럼 김환식 시의 주체는 눈으로 봐야 하는 것과 보지 말아야 할 것이 명확히 구분되어 있다는 생각을 가지고 있다.

흐릿하다
굿은 날씨도 아닌데
또 안경을 닦아야 했다
황사 때문만은 아니다
사유의 초점을 교정을 했는데
먼 산이 자꾸 끄무레했다
손수건으로 눈시울을 닦았다
앞을 못 보는 것도 아니다
안경을 끼고도 답답하기는
마찬가지다
어렴풋이나마 짐작이 된다
입김을 불어 안경을 닦듯
사유의 거울을 또 닦았다
하지만
먼 산은 자꾸 끄무레했다

—「먼 산은 자꾸 끄무레했다」 전문

"먼 산"은 "오늘도/ 어제처럼 단정한 모습으로" "그 자리에 앉아"(「먼 산」) 있는 존재이다. 처음 만났던 그 자리에서 한 번도 떠난 적이 없는 먼 산과 눈싸움을 하고 시의 주체는 "허공도 이 전투구를" 한다는 사실을 깨닫는다. 먼 산은 눈싸움하며 바라보는 나에 의해 상처 입고 우는 우리들과 같은 존재가 된다. 인용한 시에서도 시의 주체가 바라보는 먼 산은 궂은 날씨도 아닌데 안경을 닦아야 할 만큼 흐릿하다. 황사 때문만은 아니고 사유의 초점을 교정했기 때문이라고 시의 주체는 스스로 진단한다. 앞을 못 보는 것은 아니지만 안경을 끼고도 답답함을 느낀다. 입김을 불어 안경을 닦듯 사유의 거울 또한 끊임없이 닦아야 함을 그는 깨닫는다. 흐릿하고 침침한 것이 어디 먼 산뿐이겠는가. 먼 산을 닮은 '나'도, 먼 산만큼이나 자주 '나'의 눈에 들어오는 세상사도 자꾸 끄무레해졌을 것이다. 나이가 든다고 해서 세상사가 선명히 보이고 돈오돈수의 경지에 갑자기 드는 것이 아님을 먼 산을 바라보며 시의 주체는 알게 되었는지도 모른다. 사유의 거울을 닦고 또 닦는 행위야말로 대상을 대하고 세상사를 대하는 시인의 태도를 짐작케 해준다. 김환식 시에 나타나는 깨달음의 경지는 돈오점수에 가깝다. 끊임없는 수행을 통해 깨달음에 이르는 길. 그것은 삶에 대해 그가 보여주는 존중의 태도라고 할 수 있다.

3.

김환식의 이번 시집을 읽다 보면 일상에서 길어 올린 사유가 빛나는 순간과 종종 마주치게 된다. 그 중에서도 빛나는 것은 말에 대한 사유를 보여주는 시들이다. 말을 다루는 시인으로서의 숙명 때문이기도 하겠지만 그는 말에 유독 예민하다. 우리의 일상을 둘러싼 수많은 말들이 우리를 살릴 수도 있고 죽일 수도 있음을 말 한 마디에 상처 입은 숱한 경험들을 통해 그는 잘 알고 있는 것처럼 보인다.

입 속에는
장도 하나를 품고 살았는데
그 칼끝이
나를 겨눈다는 것을 모르고 살았다
정갈하지 못한 입들이
허공을 긁고 팠다
선혈이 서산을 붉혔다
입술 안에 갇힌
붉은 혀 하나가
난데없이 불씨를 흘리고 다녔다
꺼졌던 혀의 불씨도
산천을 다 태울 수 있다는 것을
까맣게 잊고 살았던 것이다
화염이 지나간 행로가 허망스럽다
하늘도 다 태우고
산천도 다 태우고
내 몸까지 다 태운 후엔 자지러지는 것이다
—「붉은 혀」 전문

타인에게 상처를 입히는 말은 언젠가는 자신에게 돌아와 자신을 상처입히고 망가뜨릴 수 있다. 입 속에 장도 하나를 품고 살면서도 그 칼끝이 자신을 겨눈다는 것을 모르고 살았다고 시의 주체는 고백한다. 회한의 말은 칼끝이 자신을 겨눈 다음에야 비로소 내뱉어진다. 허공을 긁고 파는 정갈하지 못한 입들에 상처

입은 것은 '나'만은 아니었을 것이다. '나' 또한 정갈하지 못한 입이 되어 누군가의 상처를 긁고 파 선혈이 흐르게 했을 것이다. 허공을 긁고 파며 퍼지는 말들은 선혈로 서산을 붉혔고, "입술 안에 갇힌/ 붉은 혀 하나가/ 난데없이 불씨를 흘리고 다녔다". 뒤늦게 시의 주체는 "꺼졌던 혀의 불씨도/ 산천을 다 태울 수 있다는 것을" 깨닫고 만다. 까맣게 잊고 살았던 말의 위력을 통감하며 후회하고 "화염이 지나간 행로"를 허망하게 바라봐도 소용없다. 이미 살아난 불씨는 "하늘도 다 태우고/ 산천도 다 태우고/ 내 몸까지 다 태운 후"에야 자지러진다. 칼끝 같고 불씨 같은 말의 위력을 아는 시의 주체는 말을 두려워할 줄 안다.

말을 앞세우지 않으려고
입속에 자갈을 채워놓았지만
입술을 탈출한 설익은 말들은
고삐 풀린 말처럼 들판을 질주하는 것이다
말 한 마디가 말 한 마리를 낳고
또 다른 말 한 마리가
또 다른 말 한 마디와 연애를 하고
사돈이 되고
이윽고 같은 종족이 된 말들은
천지를 날뛰고 있는 것이다
내가 키웠던 말도 몇 마디 있고
그가 쫓아낸 말도 몇 마리 있었다
가출한 말 몇 마디가 어깨동무를 하고

종일 길거리를 헤매고 다녔다
자신을 주체할 수 없을 때
우리는 스스로 절망하는 것이다
야합도 하고 난교도 하면서
조랑말도 낳고 당나귀도 낳고
더러는 애꿎은 난산도 하고
사람답게 산다는 것은
고삐 풀린 말들을 길들이는 것이다

—「말길들이기」 전문

동음이의어인 말[言]과 말[馬]이 자아내는 중의성에 기대어 시상이 전개되는 시이다. 경솔하게 내뱉어진 말이 부풀려지며 소문을 퍼뜨리는 모습은 마치 고삐 풀린 말이 함부로 날뛰는 모습과 닮았다. 들판을 질주하는 고삐 풀린 말들 때문에 상처받은 경험이 있다면 이 시의 상상력에 공감할 것이다. 말을 앞세우지 않으려고 입속에 자갈을 물려 놓았는데 입술을 탈출한 설익은 말들이 질주하며 날뛰는 모습은 사람들과 어울리며 살아가는 일상 속에서 시의 주체가 경험한 것이기도 하겠지만, 말을 고르며 시를 쓰는 시인의 모습을 연상시키기도 한다. "이윽고 같은 종족이 된 말들" 속에는 "내가 키웠던 말도 몇 마디 있고/ 그가 쫓아낸 말도 몇 마리 있었다". "자신을 주체할 수 없을 때" "스스로 절망"했던 시의 주체는 말들의 야합과 난교와 난산을 보며 "사람답게 산다는 것은/ 고삐 풀린 말들을 길들이는 것"이라는 깨달음을 얻는다. 김환식 시인에게 말을 길들이는 것은 시인의 소명이기도 하면서 동시에 사람답게 사는 일이기도 하다.

시장 안이 소란스러웠다
갱상도 사투리를 쓰던 월남댁이
월남말로 갑자기 고함을 질렀다
갱상도 말로는 풀 수 없는
현실에 기가 막혔을 것이다
고향을 등진 사람들은
뼛속 깊이 서러움을 숨겨놓고 산다
그 예리하고 탁한 비명은
답답함을 읍소하는 절규였을 것이다
아주 짧은 순간
그녀는 장바닥에 퍼질고 앉아
갱상도 말로 사설을 풀어놓고 있다

지구의 한 쪽이
무척 슬퍼졌다
—「비명」 전문

개인적 체험을 보편적 경험으로 옮겨놓는 힘을 김환식의 시는 가지고 있다. 이 시에서도 일상의 한 순간을 포착해 시로 빚어내는 데 성공한다. 시장 안이 소란스러워진 것은 경상도 사투리를 쓰던 월남댁이 갑자기 월남말로 고함을 질렀기 때문이다. 평소 "갱상도 말"을 능숙하게 하던 월남댁에게도 "갱상도 말로는 풀 수 없는" 기막힌 현실이 있었을 것이다. 아무리 유창하게 한다고 해도 월남댁에게 경상도 말이 모국어가 될 수는 없을 테니 말이다. 평소 경상도 사투리를 쓰던 월남댁이 월남말로 지른 고함과 마주하고서 시의 주체는 "고향을 등진 사람들은/ 뼛속 깊이 서러움을 숨겨놓고 산다"는 사실을 깨닫는다. 그의 말마따나 "그 예리하고 탁한 비명은/ 답답함을 읍소하는 절규였을 것이다". 그런 비명과 그런 절규가 쏟아지는 순간이 누구에게나 있다. "아주 짧은 순간"이었지만 장바닥에 퍼질러 앉아 "갱상도 말로 사설을 풀어놓고 있"는 월남댁을 목격하고 시의 주체는 슬픔을 느낀다. 찰나의 비명과 다시 경상도 말로 풀어놓는 사설을 들으며 "지구의 한 쪽이/ 무척 슬퍼"진 것이다.

시의 주체가 귀 기울여 듣는 말은 사람의 것만은 아니다. "까치 한 마리가/ 새벽부터" 늘어놓는 "사설"도 그는 귀 기울여 듣는다. "간절한 사람을 생각하다가/ 숱한 밤을 조바심으로 지샌 적이" 그에게도 있기 때문이다. 까치가 들려주는 "단순한 저 목소리/ 단순한 저 몸짓"(「단순한 저 목소리」)을 알아듣지 못하는 자신을 원망하는 까치의 마음에 그가 공감하는 까닭은 그 또한 동병상련의 아픔을 겪어 봤기 때문이다. 공감의 힘을 지니고 있다는 것은 김환식의 시가 가지고 있는 미덕이라고 할 수 있다.

4.

그 밖에도 김환식의 이번 시집에는 일상의 경험으로부터 얻은 깨달음을 아포리즘으로 응축한 시를 비롯해 사랑과 그리움의 감정을 노래한 연애시, 가족에 대한 애틋함이나 지난 시절을 그리워하는 시, 평범한 일상에서 마주친 사건을 소재로 한 시 등 다양한 주제의 시가 실려 있다. "험한 산일수록/ 멀리서 보면/ 풍광은 더 장관"이며 "서럽던 시절의 이야기도/ 추억이 된 후에는/ 더욱 그윽해지는 것"(「등잔 밑」)을 아는 시의 주체는 종종 지난 시절에 대한 그리움을 토로한다.

치매 판정을 받으신 후

기억이 있으실 때
가족사진을 찍어두자는
아내의 제안에
육남매 부부는 날을 받아 모였다
하의는 청바지로 하고
상의는 흰색티셔츠로 통일을 했다
처부모 내외분은
처음 입어보는 청바지가 어색하신 듯
이런 걸 왜 입느냐고 혀를 차셨다

그렇게 함께 찍은 사진을 보면서
장모님은 물으셨다
내 손을 잡고 있는 이 남자가 누구냐고

아내는 속절없이 눈물을 쏟았다

짧은 순간이지만
육십 몇 년을 동락한 남편을 몰라보다니

돌아보면
아등바등 살 때가 좋았다
이제부터는
행복했던 날들을 지우는 여정인 것이다

요즘은, 내 기억력도 의심스러웠다
어제 일도 그렇고
오늘 일도 그렇다
현관의 비밀번호도 깜박할 때가 있다

그렇게 내 기억들로부터
내가 버려지고 있듯
여든이 넘으신 장모님이야
지워지고 있는 기억들을 다 붙잡지는 못할 것이다
어쩌면 좋을까

나도 덩달아 눈물이 났다

—「가족사진」 전문

치매 판정을 받은 부모를 모시고 사는 집이 주변에 흔해졌을 만큼 이제 치매는 흔한 병이 되었다. 장모가 치매 판정을 받은 후 기억이 있을 때 가족사진을 찍어 두자는 아내의 제안에 따라 육남매 부부는 날을 잡아 모여 가족사진을 찍었다. 하의는 청바지로 상의는 흰색 티셔츠로 옷도 통일했다. 우리 주변에서 흔히 볼 수 있는 사연이다. "그렇게 함께 찍은 사진을 보면서/ 장모님은" "내 손을 잡고 있는 이 남자가 누구냐고" 묻는다. "육십 몇 년을 동락한 남편을 몰라"본 것이다. 기억을 잃어가는 장모를 보면서 시의 주체는 "이제부터는/ 행복했던 날들을 지우는 여정"임을 자연스레 깨닫는다. 그가 "아등바등 살 때가 좋았다"고 말하는 까닭도 여기에 있다. 기억을 잃어가는 것은 그의 장모뿐만은 아닐 것이다. 대부분의 현대인들은 나이를 먹어가며 어제, 오늘 일도 잊어버리고 "현관의 비밀번호도 깜박할 때가 있다". "내 기억들로부터/ 내가 버려지"는 경험을 누구나 한 번쯤 했거나 머잖아 하게 될 것이다. 기억을 잃어가는 장모에 대한 연민의 감정은 장모의 아픔을 공감하는 데에서 비롯된다. "나도 덩달아 눈물이 났다"고 고백하는 김환식의 시는 선한 기운을 내뿜는다.

사람과 세상을 바라보는 시인의 선한 시선은 그가 살아온 인생의 길을 "나를 찾아 나선 순례길"로 받아들이게 한다. 그것은 "깊고 낯설고/ 두려운 길이었다"고 그는 고백한다. "순례를 한다는 것"은 "참회하며 걷는다는 것"이라는 태도로 그가 세상을 살아왔음을 미루어 짐작할 수 있다. 그가 살아온 세월만큼 "내가 나를 찾는 수많은 길들이" 어지럽게 놓여 있다. 그러므로 이 순례길은 "먼 길"(「순례길」)이 아닐 수 없다.

하반신을 분실한 그가

폐타이어 몸을 숨기고
한 뼘씩
딱정벌레처럼 진군을 했다
잠시
소나기가 훑고 간 시장 바닥에는
그가 그린 추상화 한 폭이 장엄하게 누웠다
한 손에는 고무장갑을 들고
한 손에는 스타킹을 흔들면서
복권 한 장의 희망으로
일주일을 살아가는 군상들에게
일상의 모범을 보여주는 것이다
시장을 한 바퀴 돌지도 못했는데
땅거미들은 서둘러 좌판을 거두었다
상인들도 쫓기듯 집으로 돌아가고
장명등만 그가 종일 그려놓은
추상화를 비추고 있다

—「추상화」 전문

하반신을 분실한 그가 폐타이어에 몸을 숨기고 한 뼘씩 딱정벌레처럼 진군하는 모습을 시장 바닥에서, 역 앞에서, 터미널에서 이따금 목격하게 된다. "잠시/ 소나기가 훑고 간 시장 바닥에는" 그가 지나간 흔적이 남았고, 그것을 시의 주체는 "그가 그린 추상화 한 폭이 장엄하게 누웠다"고 쓴다. 그가 온몸으로 그린 추상화 한 폭에서 장엄함이 느껴지는 것은, "한 손에는 고무장갑을 들고/ 한 손에는 스타킹을 흔들면서" 온몸을 밀고 나아가는 그의 움직임이 "복권 한 장의 희망으로" 요행수를 바라며 "일주일을 살아가는 군상들에게/ 일상의 모범을 보여주"기 때문이다. 땅거미가 지고 상인들도 집으로 돌아간 후에도 "그가 종일 그려놓은/ 추상화를" 장명등이 비추고 있는 장면은 장엄한 이미지로 남아 삶의 존엄함을 일깨워 준다. 아마도 그것은 일상에서 벗어나고 싶어하면서도 일상을 존중하는 김환식의 시가 자신을 찾는 순례길을 통해 깨달은 바일 것이다.

반경환 명시감상

반경환 『애지』 주간 · 철학예술가

반경환 명시감상

반경환 애지 주간 · 철학예술가

밑씻개

김 환 식

아름다운 꽃일수록
꽃받침 뒤에는
빼곡히 잔가시를 숨기고 있다
흰색과 분홍색이 어우러진
꽃이다
이들도 어쩌면 운명처럼 만나서
시어머니밑씻개가 되고
며느리밑씻개가 될 것이다
또, 더러는
시누이밑씻개가 되고
동서밑씻개가 되기도 할 것이다
삼복의 느티나무

그늘 밑에는
마주보고 앉은 밑씻개들이
서럽게 배꼽을 잡고 까무러치고 있다

* 시어머니밑씻개, 며느리밑씻개, 시누이밑씻개, 동서밑씻개=꽃 이름.

—『애지』, 2017년 가을호에서

수많은 풀들 중에는 '며느리밑씻개'라는 풀이 있다. 마디풀과에 속한 넝쿨성 한해살이풀인데, 여러 가지로 갈라지고 산이나 들에서 아주 흔하게 볼 수가 있다. 잎은 어긋나고 삼각형이며, 7~8월에는 흰색과 분홍색의 꽃이 줄기 끝에 이삭용으로 피며, 어린 잎은 식용으로 사용한다. 열매는 검은색으로 꽃받침에 싸여있고, 줄기에는 잔가시가 많아 다른 물체에 잘 붙으며, 며느리밑씻개는 냉대하증과 자궁탈수와 음부가려움증과 치질 등에 효능이 있다고 한다. 며느리란 아들의 아내를 뜻하고, 밑씻개란 똥을 누고 똥구멍을 씻는데 쓰는 종이 따위 등을 말한다.

왜, 그런데 하필이면, 식용과 약용으로도 사용하며 우리 주변에서 흔히 볼 수 있는 평범한 풀에 '며느리밑씻개'라는 아주 고약한 이름을 붙이게 되었던 것일까? 거기에는 다 그럴만한 까닭이 있는데, 그 옛날에는 종이나 화장지가 없었기 때문에, 호박잎이나 칡잎, 그리고 볏짚 같은 것으로 밑을 씻고는 했던 것이다. 어느 날 어떤 마음씨 고약한 시어머니가 들에서 볼일을 보고 한움큼 밑씻개로 사용한 것이 '며느리밑씻개'였는데, 그러나 대단히 불행하게도 이 며느리밑씻개에는 잔가시가 많아서 그 밑이 몹시

아팠던 모양이다. 그때, 그 고약한 시어머니는 "에잇, 며느리년한테나 걸려들 일이지"라고 궁시렁거렸고, 이때부터 며느리밑씻개라는 이름이 붙여졌다고 한다. 시어머니는 현재의 권력이고, 며느리는 미래의 권력이다. 이 권력은 부자지간에도 나눌 수가 없는 것처럼, 시어머니와 며느리 사이에도 공유할 수가 없는 어떤 것(자산)이다. 하지만, 그러나 장강의 뒷물결이 앞물결을 밀어내듯이, 미래의 권력인 며느리를 영원히 이길 수 있는 시어머니는 이 세상에 없다.

나는 김환식 시인의 「밑씻개」를 읽으면서 이 '며느리밑씻개'에 얽힌 일화들을 떠올려보며 한움큼의 고소한 웃음을 베어 물지 않을 수가 없었던 것이다. 첫 번째는 아름다운 꽃일수록 가시가 많다는 사실인데, 왜냐하면 이 아름다움은 신성불가침의 성역이기 때문이다. 만일, 클레오파트라와 양귀비가 아름다운 꽃이라면 그녀들의 사타구니는 수많은 영웅호걸들의 무덤일 수밖에 없었던 것이다. 두 번째는 시어머니와 며느리의 관계 역시도 불구대천의 원수관계와도 같지만, 따지고 보면 동일한 운명의 양면일 수밖에 없었던 것이다. 한 남자의 아내가 되고, 자식을 낳고, 새며느리를 얻는다. 시누이가 되고, 동서가 되고, 새며느리가 시어머니의 권위에 도전하지 못하도록 온갖 구박을 다 하다가, 어느덧 늙고 병들면 그토록 소중하고 절대적이던 그 권력을 자연스럽게 빼앗겨버린다. 이처럼 불구대천의 원수이면서도 함께 살고, 함께 웃을 수밖에 없는 시어머니와 며느리의 관계에도 웃음이 나올 수밖에 없었던 것이다. "아름다운 꽃일수록/ 꽃받침 뒤에는/ 빼곡히 잔가시를 숨기고 있다/ 흰색과 분홍색이 어우러진/ 꽃이다/ 이들도 어쩌면 운명처럼 만나서/ 시어머니 밑씻개가 되고/ 며느리밑씻개가 될 것이다/ 또, 더러는/ 시누이 밑씻개가 되고/ 동서밑씻개가 되기도 할 것이다." 시어머니라는 꽃과 가시, 며느리라는 꽃과 가시, 시누이라는 꽃과 가시, 동서라는 꽃과 가시가 "삼복의 느티나무/ 그늘 밑에는" 피어 있는 것이고, 이 여러 밑씻개들이 그 환한 '이야기- 웃음꽃'을 피우고 있는 것이다.

밑씻개는 똥구멍을 씻는 것이고, 익살광대극의 최하 천민의 역에 해당된다. "삼복의 느티나무/ 그늘 밑에는/ 마주보고 앉은 밑씻개들이/ 서럽게 배꼽을 잡고 까무러치고 있다"라는 시구에서, '마주보고 앉은 밑씻개들'은 시골마을의 할머니들을 말하고, '서럽게'는 만고풍상의 삶마저도 이제는 즐거운 옛이야기가 되었다는 것을 뜻하고, '까무러치고 있다'는 '의식을 잃고 쓰러진 것'이 아니라, 웃다가, 웃다가, 배꼽이 빠질 정도로 뒹굴고 있다는 것을 뜻한다.

밑씻개는 시어머니가 되고, 밑씻개는 며느리가 된다. 밑씻개는 시누이가 되고, 밑씻개는 동서가 된다. 밑씻개는 가장 아름다운 꽃이 되고, 밑씻개는 가장 환한 웃음꽃이 된다.

밑씻개가 만고풍상의 삶을 씻어내고, 밑씻개가 삼복더위를 씻어내며, 밑씻개가 밑씻개의 전성시대를 열어가고 있다.

오오, 이 세상에서 가장 아름다운 시로 올 여름의 삼복더위를 대청소하고 있는 김환식 시인의 「밑씻개」여!!

김환식 시집

붉은 혀

발　　행 2017년 12월 10일
지 은 이 김환식
펴 낸 이 반송림
편집디자인 김지호
펴 낸 곳 도서출판 지혜
　　　　 계간시전문지 애지
기획위원 반경환 이형권 황정산
주　　소 34624 대전광역시 동구 선화로 203-1, 2층 도서출판 지혜 (삼성동)
전　　화 042-625-1140
팩　　스 042-627-1140
전자우편 ejisarang@hanmail.net
애지카페 cafe.daum.net/ejiliterature

ISBN : 979-11-5728-258-6 03810
값 10,000원

김환식

돌연변이 시인이 있다. 그가 김환식金煥植 시인이다. 본업은 CEO다. 늦게 배운 도둑질이 화근인 것이다. 시쳇말로 꾀도 없이 쓰고 있다. 2005년 『시와반시』를 통하여 문단에 나왔다. 이후, 『산다는 것』, 『낯선 손바닥 하나를 뒤집어 놓고』, 『낙인』, 『물결무늬』, 『천년의 감옥』, 『참, 고약한 버릇』, 『버팀목』 등 7권의 시집을 출간했다.

또한, 《매일신문》과 《영남일보》에 발표했던 칼럼들을 모아서 『매일춘추 영남 CEO칼럼』이란 칼럼집을 묶기도 하였으며, 지난 2015년에 출간한 일곱 번째 시집인 『버팀목』은 출판계에 잔잔한 반향을 일으키기도 했다. 그런, 그에게 詩는 항상 자신을 깨우치게 하고 성찰하는 거울 같다고 한다. 경북대학교에서 인사관리를 전공하고, 다년간의 공직생활을 거치고 1995년 ㈜한중엔시에스를 창업하였다. 그리고, 2016년에는 기술혁신유공자로 금탑산업훈장을 수훈하기도 했다.

현재, 한국문협, 한국시협, 대구문협, 열림시, 서세루 회원으로 활동하고 있다.

『붉은 혀』는 김환식 시인의 여덟 번째 시집이다. 김환식 시인은 일상생활의 삶의 진리를 아포리즘 형태로 드러내는 탁월한 재능을 지녔으며, 일상의 꿈과 일탈의 꿈 사이에서, 그는 아슬아슬 외줄을 타는 천하제일의 명장(시인)이 되었다. "사람답게 산다는 것은/ 고삐 풀린 말들을 길들이는 것이다", "세상이 온통 캄캄해졌다", "선혈이 서산을 붉혔다", "다람쥐만 쳇바퀴를 돌리는 것이 아니다", "순례를 한다는 것/ 참회하며 걷는다는 것이다" 등의 시구들에서 보듯이, 그는 아포리즘의 대가라고 할 수가 있다.

이메일 : eokims@hanmail.net